贝多芬

世界音乐史上的巨人

向平才 ◎ 编著

中国社会出版社

"世界名人非常之路"编委会

主　　任：刘明山

编　　委：周红英　王汉卿　高立来　李正蕊　刘亚伟　张雪娇
　　　　　方士娟　刘亚超　张鑫蕊　李　勇　唐　容　蒲永平
　　　　　冯化太　李　奎　李广阔　张兰芳　高永立　潘玉峰
　　　　　王晓蕾　李丽红　邢建华　何水明　田成章　李正平
　　　　　刘干才　熊　伟　余海文　张德荣　付思明　杨永金
　　　　　向平才　赵喜臣　张广伟　袁占才　许兴胜　许　杰
　　　　　谢登华　衡孝芬　李建学　贺欣欣　刘玉磊　王莲凤
　　　　　刘振宇　张自粉　苗晋平　卓德兴　徐文平　王翠玉
　　　　　刘春青　谭永军　马超群　马　成　赖春红　张世君
　　　　　周筱筱　苗　婕

写在前面的话

著名学者培根说:"用伟大人物的事迹激励我们每个人,远胜于一切教育。"

的确,崇拜伟人、模仿英雄是每个人的天性,人们天生就是伟人的追星族。我们每个人在追星的过程中,带着崇敬与激情沿着伟人的成长轨迹,陶冶心灵,胸中便会油然升腾起一股发自心底的潜力,一股奋起追求的冲动,去寻找人生的标杆。那种潜移默化的无形力量,会激励我们向往崇高的人生境界,获得人生的成功。

浩浩历史千百载,滚滚红尘万古名。在我们人类历史发展的进程中,涌现出了许多可歌可泣、光芒万丈的人间精英。他们用挥毫的笔、超人的智慧、卓越的才能书写着世界历史,描绘着美好的未来,不断创造着人类历史的崭新篇章,不断推动着人类文明的进步和发展,为我们留下了许多宝贵的精神财富和物质财富。

这些伟大的人物,是人间的英杰,是我们人类的骄傲和自豪。我们不能忘记他们在那历史巅峰发出的洪亮的声音,应该让他们永垂青史,英名长存,永远纪念他们的丰功伟绩,永远作为我们的楷模,以使我们未来的时代拥有更多的出类拔萃者,以便开创和编织更加绚丽多姿的人间美景。

我们在追寻伟人的成长历程中会发现,虽然每一位人物的成长背景各不相同,但他们在一生中所表现出的辛勤奋斗和顽强拼搏精神,则是殊途同归的。这正如爱默生所说:"伟大人物最明显的标志,就是他们拥有坚强的意志,不管环境怎样变化,他们的初衷与希望永远不会有丝毫的改变,他们永远会克服一切障碍,达到他们期望的目的。"同时,爱默生又说:"所有伟大人物都是从艰苦中脱颖而出的。"

伟大人物的成长也具有其平凡性,关键是他们在做好思想准备进行人生不懈追求的过程中,从日常司空见惯的普通小事上,迸发出了生命的火花,化渺小为伟大,化平凡为神奇,

写在前面的话

获得灵感和启发，从而获得伟大的精神力量，去争取伟大成功的。这恰恰是我们每个人都要学习的地方。

正如学者吉田兼好所说："天下所有的伟大人物，起初都很幼稚而有严重的缺点，但他们遵守规则，重视规律，不自以为是，因此才成为一代名家，成为人们崇敬的偶像。"

为此，我们特别推出"世界名人非常之路"丛书，精选荟萃了古今中外各行各业具有代表性的名人，其中包括政治领袖、将帅英雄、思想大家、科学巨子、文坛泰斗、艺术巨匠、体坛健儿、企业精英、探险英雄、平凡伟人等，主要以他们的成长历程和人生发展为线索，尽量避免冗长的说教性叙述，而采用日常生活中富于启发性的小故事来传达他们成功的道理，尤其着重表现他们所处时代的生活特征和他们建功立业的艰难过程，以便使读者产生思想共鸣和受到启迪。

为了让读者很好地把握和学习这些名人，我们还增设了人物简介、经典故事、年谱和名言等相关内容，使本套丛书更具可读性、指向性和知识性。

为了更加形象地表现名人的发展历程，我们还根据人物的成长线索，适当配图，使之图文并茂，形式新颖，设计精美，非常适合读者阅读和收藏。

我们在编撰本套丛书时，为了体现内容的系统性和资料的翔实性，参考和借鉴了国内外的大量资料和许多版本，在此向所有辛勤付出的人们表示衷心谢意。但仍难免出现挂一漏万或错误疏忽，恳请读者批评指正，以利于我们修正。我们相信广大读者通过阅读这些世界名人的成长与成功故事，领略他们的人生追求与思想力量，一定会受到多方面的启迪和教益，进而更好地把握自我成长的关键，直至开创自己的成功人生！

贝多芬

人物简介

名人简介

路德维希·凡·贝多芬（Ludwig van Beethoven，1770～1827），祖籍荷兰。贝多芬是7个孩子中的第二个，因长兄夭亡，贝多芬实际上成了长子。

艰辛的生活剥夺了贝多芬上学的权利，他自幼表现出的音乐天赋，使他的父亲产生了要他成为音乐神童的愿望，成为他的摇钱树。他不惜打骂贝多芬，迫使贝多芬从4岁起就整天没完没了地练习羽管键琴和小提琴。

8岁时贝多芬首次登台，获得巨大的成功，被人们称为第二个莫扎特。此后拜师于风琴师尼福，开始学习作曲。

11岁发表第一首作品《钢琴变奏曲》。13岁参加宫廷乐队，任风琴师和古钢琴师。1787年到维也纳开始跟随莫扎特、海顿等人学习作曲。

就在光明的前途在贝多芬的面前展开时，一件可怕的事情不停地折磨着他，贝多芬发现自己耳朵变聋了。贝多芬无时不充满着创作的欲望和激情，可是贝多芬的生活和创作之路非常曲折与不幸，他总是交替地经历着希望和热情、失望和反抗，这无疑成了他的灵感源泉。

1823年，贝多芬完成了最后一部巨作《第九交响曲》。这部作品创造了他理想中的世界。

贝多芬

　　1826年12月贝多芬患重感冒，导致肺水肿。1827年3月26日，贝多芬终于咽下最后一口气，原因是肝脏病。在他临终前突然风雪交加，雷声隆隆，似乎连上天也为这位伟大音乐家的去世而哀悼！贝多芬的葬礼非常隆重，有20000多人自动跟随灵柩出殡，遗体葬于圣麦斯公墓，而他的墓旁则是舒伯特的坟墓。他终生未婚。

成就与贡献

　　贝多芬一生坎坷，26岁时听力衰退，晚年失聪，只能通过谈话册与人交谈。

　　但孤寂的生活并没有使他沉默和隐退，在一切进步思想都遭禁止的封建复辟年代里，他坚守"自由、平等、博爱"的政治信念，通过言论和作品，为共和理想奋臂呐喊，反映了当时资产阶级反封建、争民主的革命热情，写下不朽名作《第九交响曲》。

　　他的作品受18世纪启蒙运动和德国狂飙突进运动的影响，个性鲜明，较前人有了很大的发展。

　　在音乐表现上，他几乎涉及当时所有的音乐体裁；大大提高了钢琴的表现力，使之获得交响性的戏剧效果；又使交响曲成为直接反映社会变革的重要音乐形式。

　　伟大的作曲家贝多芬先生只在人世间停留了57年，一生完成了100多部作品。主要作品有交响曲9部，其中以第三《英雄》、第五《命运交响曲》、第六《田园交响曲》、第九《合唱》最为著名，管弦乐几十首。

　　其中《哀格蒙特序曲》最为著名，钢琴协奏曲5首，小提琴协奏曲1首，其他协奏曲5首，钢琴奏鸣曲32首，其中《热情》《月光》

贝多芬

《悲怆》《黎明》《暴风雨》等最为著名,室内乐 80 首,歌剧 1 部《弗德利欧》,另有神剧 1 部,弥撒曲 2 首等。

地位与影响

1792 年贝多芬到音乐之都维也纳深造,艺术上进步飞快。

这里离法国边境不远,当贝多芬 19 岁的时候,法国大革命爆发,给贝多芬带来自由、平等、博爱的理想。他的 9 部交响曲全都在维也纳举行了首演式。

1805 年,他唯一的一部歌剧创作《弗德利欧》也在维也纳的国家歌剧院举行了首演。贝多芬被后人认为是有史以来最伟大的交响曲作家。他的《英雄交响曲》充满了激情。他的第九部交响曲取材于德国诗人席勒的《欢乐颂》,如今已经成为欧盟的盟歌。

他信仰共和,崇尚英雄,创作了大量充满时代气息的优秀作品,如交响曲《英雄》《命运》,序曲《哀格蒙特》,钢琴曲《悲怆》《月光曲》《暴风雨》《热情》等。

他集古典音乐的大成,同时开辟了浪漫时期音乐的道路,对世界音乐的发展有着举足轻重的作用,被后人尊称为"乐圣"。他是德国最伟大的音乐家、钢琴家,也是最后一位维也纳古典乐派代表人物之一,与海顿、莫扎特一起被后人称为"维也纳三杰"。

目录 贝多芬

童年时代

出身音乐世家 …………………………………………… 2
短暂的幸福时光 ………………………………………… 9
残酷的音乐教育 ………………………………………… 17

拜师学艺

教育遭受危机 …………………………………………… 26
找到合适的老师 ………………………………………… 33
师生情谊深厚 …………………………………………… 39

勇敢生活

当上了家庭教师 ………………………………………… 46
维也纳拜见大师 ………………………………………… 52
挑起家庭重担 …………………………………………… 57
战胜生活苦痛 …………………………………………… 64

追求上进

结识音乐家海顿 ………………………………………… 68
维也纳拜师学艺 ………………………………………… 76
一次爱的经历 …………………………………………… 83

敢于创新

有独创精神的反叛者 …………………………………… 90

贝多芬

目录

音乐家的超凡个性 …………………………………… 96
即兴的伟大创作 ……………………………………… 104
不断追求创新 ………………………………………… 108

战胜苦痛

勇敢面对疾病痛苦 …………………………………… 114
扼住命运的咽喉 ……………………………………… 122
伟大的英雄交响曲 …………………………………… 129
短暂的幸福生活 ……………………………………… 135
兄弟间的情谊 ………………………………………… 144

晚年生活

进行艰辛的创作 ……………………………………… 158
老朋友久别重逢 ……………………………………… 169
培养后辈新人 ………………………………………… 172
孤独寂寞的晚年 ……………………………………… 176

附录

经典故事 ……………………………………………… 184
年　谱 ………………………………………………… 191
名　言 ………………………………………………… 195

童年时代

把"德性"教给你们的孩子：使人幸福的是德性而非金钱，这是我的经验之谈。

——贝多芬

出身音乐世家

1770年12月，正是北半球的寒冬季节，音乐史上有名的圣地、享有音乐家摇篮美誉的德国波恩也是冰天雪地，一派寒冬景象。

古城波恩，位于莱茵河中游两岸，北距科隆市21英里，扼莱茵河上游山地和下游平原的咽喉，地理位置重要，历史上为战略要地。

1世纪初，罗马军团曾在波恩设立兵营，把这里作为古罗马要塞。因此，"波恩"意为"兵营"。13世纪至18世纪，这里作为科隆选帝侯国，即有权选举帝王的侯国首府长达500年之久。

18世纪的波恩虽然是一个人口不多的小地方，但它却是科隆大主教马克西米利安·费里德里希的首府所在地。与其他的欧洲城市相比，波恩的建筑独具特色，街道鳞次栉比，别有一番风味。

黑夜悄悄地降临这座小城，黑蓝色的天空，明净如洗，北风凛冽，皎洁的月光映照在川流不息的莱茵河里。星星眨着眼睛，俯视人间的悲欢离合。

午夜的钟声已经敲响了，然而生活在莱茵街波恩巷的贝多芬家却灯火通明。一位面色苍白的少妇正躺在小阁楼里的一张床上精疲力竭地喘息着，淌满汗水的面颊上浮现出极为痛苦的神情。

4个小时过去了，她孕育的那个小生命还是迟迟不肯来到人世，还是恋恋不舍地留在母亲温暖的腹中。

床前，一位白发苍苍的接生婆正急得不知所措，团团乱转，她不停地唠叨着："呀！玛戈琳纳，你的羊水已经破了这么久了，你要加油啊！"

"唉，我可怜的孩子，怎么屋里就你自己呀？你丈夫到哪里去了？

怎么还不回来？"

玛戈琳纳使劲地摇着头，一双眼睛里噙满了泪水，她咬着嘴唇，断断续续地回答说："唉！他可能喝酒去了！"

"什么？这个不负责任的家伙，自己的妻子在为他生孩子，他居然跑去喝酒，简直太过分啦！"接生婆生气地说。

"唔！他上班养家也很辛苦，他就这么一点爱好，我也不好管……"玛戈琳纳小声地解释着，此时的她非常虚弱。

"哼！我看你是对他太仁慈、太宽容了，换作是我，定要他好看。"接生婆和玛戈琳纳扯着闲话，等生产的阵痛再次来临时，她又紧握着玛戈琳纳的手鼓励着说："用力，用力！"

玛戈琳纳的丈夫约翰·凡·贝多芬，是一位远近驰名的高音歌手，后来当上了俸禄非常优厚的宫廷乐师。与此同时，他还担任家庭教师，为波恩城里的一些富家子弟教授唱歌和钢琴。后来，他和一位正在寡居的年轻妇女玛戈琳纳·玛格达蕾娜·克维利希结了婚。

自从结婚以后，约翰经常彻夜不归，泡在酒馆里酗酒。玛戈琳纳总是在自己盈盈泪水中，在寂寞的等待中熬过一个又一个漫漫长夜。像许多妇女那样，她信命，谁让自己嫁给了这样一个嗜酒如命的男人呢？

此时，在一家通宵营业的简陋小酒馆里，宫廷乐师约翰·凡·贝多芬双眼迷离，舌头打着结，向老板伸出手，比画着："再……再来一瓶，先记在我的账上。"

约翰一边说着，一边抢过了老板拿过来的一瓶酒，咬开瓶塞，仰头喝了一口后，就又跌跌撞撞地返回到自己的座位上。作为一个丈夫，作为就要当父亲的人，约翰还喝得烂醉如泥，这实在是有些过分了。

经过一阵又一阵的剧烈疼痛，玛戈琳纳又熬过了艰难的一个小时。最后也是最强的一次阵痛来了，不久，一个婴儿强有力的哭声划破了寂静的黑夜，一个新生命诞生了！

孩子很健壮，放开嗓门哭叫，似乎在向人间宣告他的到来。

"男孩，玛戈琳纳，你有儿子了！"老接生婆高兴地说。

"儿子，我生了一个儿子！上帝保佑！"玛戈琳纳一边呢喃着，一边露出一丝微笑，然后转过头去对老接生婆说："多谢您帮忙，威廉太太！"

"别客气，大家都是邻居，我不帮你谁来帮你呢？是不是。"接生婆威廉太太一边说着，一边动作熟练地把新生婴儿洗得干干净净，然后又用一块洁白的大毛巾包裹好，抱到了玛戈琳纳的面前。

威廉太太高兴地说："你安心休息吧，孩子我来照顾。"

玛戈琳纳疲倦地点了点头，闭上了双眼。

迎着初升的朝阳，教堂的钟声敲响了，新的一天来临了。约翰·凡·贝多芬昏沉沉、醉醺醺地推开沉重的木门，然后左摇右晃地登上了楼梯，走了几步，几乎要摔了下去，幸好及时扶住了墙壁，才勉强站稳了身体。最后他几乎是爬着进了阁楼。

光线昏暗的阁楼迫使约翰找来了油灯，他借着昏黄的灯光，准备到床上睡觉，却突然发现一个酣睡的婴儿正躺在摇篮里。

"天哪！玛戈琳纳你生啦！"也顾不上妻子正在睡觉，约翰禁不住欢畅地大喊了起来。

被丈夫惊醒了的妻子睁开了迷离的双眼，望着约翰幸福的样子，以前的怨愤一下子都跑到九霄云外了。她充满柔情地说："是的，亲爱的，快看看你的儿子吧！"

"哈！宝贝，你又给我生了个儿子！"约翰疯狂地跳了起来，震得地板"咚咚"直响。

原来，在这个儿子出世之前，他们曾经有过一个儿子，但却不幸夭折了。以前约翰可不是这个样子，他还非常有自制力，非常顾家，每天一下班就回到家里照顾自己的孩子。可是自从孩子夭折，他好像一下子变了一个人，成了一个名副其实的酒鬼。

这个孩子的出生，可以说是弥补了夫妻两人心里一直以来的缺憾。这个时候，那个婴儿却大哭起来，原来约翰的大喊大叫把他也给吵醒了，这是他来到这个世界听到的最大声音了。

看到儿子在大声哭泣，约翰不禁伸手小心翼翼地把他抱了起来，一边轻轻地用手拍着，一边坐在床边与妻子说着话。

沉浸在为人父母喜悦之中的约翰夫妻不禁端详起儿子的小模样来。只见他们的儿子生得结结实实的，高高的额头闪着智慧的光泽，乌黑的头发异常浓密，两只灰蓝色的大眼睛里闪着非凡的光彩。他们简直太高兴了，在他们的眼里，自己的儿子简直就是天使。

后来约翰越看越感到惊讶，他禁不住对妻子神秘地说："这孩子相貌不凡，将来长大了，一定是一个了不起的人物！"

约翰一边预言着儿子的未来，一边双手抓着妻子的双肩说："玛戈琳纳，我向你发誓，从现在开始，我决不再去喝酒了，我要做一个尽职尽责的好父亲！"

"又来了，亲爱的，这样的动听的话语我已经听了上百次了。"玛戈琳纳苦笑着说道。

"不，玛戈琳纳，这次不同，你看，我已经做了父亲了，我要让自己成为一个合格的父亲。玛戈琳纳，你相信我，好吗？"

听着丈夫这近乎恳求的话语，玛戈琳纳感动地点了点头，可是却在心中默默祈祷自己的丈夫这回能真的改了酗酒的恶习。

第二天，小城波恩同往日一样开始了它一天的生活：选帝侯的宫殿里乐团在举行演奏会，剧院里、贵族的沙龙里回荡着歌声，这是一座音乐空气十分浓重的城市。下层社会的人们，在圣诞节前夕，则各自为着生计奔波劳碌着。

早晨的耀眼的阳光照在这座白雪皑皑的波恩城，也照在了这座刚刚诞生了新的生命的小阁楼，并为它带来了融融暖意。

一阵敲门声，打断了约翰夫妻的谈话，约翰连忙打开了门，进来的是他的父亲，宫廷乐队的指挥路德维希·凡·贝多芬先生。这位乐队指挥身材不算太高，但体格健壮，有着一双充满生机的眼睛，在莱茵街乃至波恩城都十分受人尊敬。

听说自己得了个大胖孙子，一大早，老贝多芬便兴冲冲地来到了儿子的家。

"约翰，小家伙在哪儿？让爷爷好好看看。"老贝多芬一进门就急切地说道。

约翰把父亲领到了摇篮旁，老贝多芬终于看见了躺在里面的孙子。只见他红润的小指头在微微地颤动着，小嘴在慢慢地蠕动着。说实话，看到小贝多芬的时候，爷爷是有点失望的。他心里在想，这个黑黑的小家伙，就是自己的小孙子吗？他能不能继承自己的音乐事业呢？

不过，玛戈琳纳一下子就看出自己公公的意思了，她明白这是有点嫌自己的儿子长得难看。于是，她立即在一边说："黑是黑了点，可是眼睛却是大得很呢！"

"是吗？"望着睡梦中的小孙子，老贝多芬不禁喜形于色，久久地望着这个婴儿，舍不得离开摇篮边。

"哈哈，瞧瞧我的孙子高高的额头，就知道他准会成为一个了不起的音乐家，准能超过爷爷和爸爸！"老贝多芬轻声而又肯定地唠叨着。他这会儿兴奋地舞动双臂，这股劲儿比指挥了一首振奋人心的乐曲更让他激动。

这时，小贝多芬醒来了，他眨着明亮的眼睛看着这个世界，老贝多芬一下子就看到了他明亮的眼睛："这是我们贝多芬家的后代，将来一定能够成为一个好的乐手。"

孩子的出生给一家人带来了喜悦，孩子的祖父路德维希慈祥的脸上挂满了笑容。他高兴地对儿子约翰说："这孩子就用我的名字，叫路德维希吧!"

为孙子起名的老祖父肯定没有想到路德维希·凡·贝多芬这个名字,居然会征服欧洲,征服世界,进入了世界大音乐家的行列,成为世界文化名人。

不过,对于自己的生日,具体是 1770 年 12 月的哪一天,连贝多芬自己也说不清楚了。据说他受洗的日子是 17 日,按德国天主教的习俗,婴儿落地后,在 24 小时内应接受洗礼,那么,贝多芬该是 12 月 16 日出生的了。这点误差当然算不了什么,但另一误差却曾引起了贝多芬的不安。

曾有一段时期,贝多芬的出生年被说成 1772 年,这样他无端地就小了两岁,弄得贝多芬自己也迷惑起来,伤心地对人说:"不幸的是我活到现在还不知道我究竟有多大年龄。"

后来知道,这点混乱竟是他父亲一手造成的。为了使自己的儿子成为像莫扎特那样的音乐神童,贝多芬的父亲给贝多芬伪造了一个年龄,让他"缩小"了两岁。

贝多芬的祖父原为比利时人,也有人认为是荷兰人,他大概在 20 岁时就来到了波恩,此后就定居下来。他做过宫廷乐团的歌手,晚年当了乐团的乐长。为人豪爽,有个性,他算是贝多芬家族中出色的人物。后来在这里出了 3 个有名的人物,即音乐出版商辛姆洛克,伦敦音乐干事沙罗门,另一个就是闻名全球的贝多芬了。

约翰的妻子叫玛戈琳纳·玛格达蕾娜·克维利希,据说是出身名门,在和约翰结婚之前,她是一位宫廷室内乐手的妻子。亡夫丧子之后,便嫁给了约翰,成为贝多芬家族的一员,也成了大音乐家贝多芬的母亲。

贝多芬的前面还有一个哥哥路德维希·玛利尔,可是出生几天便夭折了。贝多芬一家长期过着清贫的日子,他的母亲在 1787 年,也就是贝多芬 17 岁的时候,因肺病去世,终年只有 40 岁。这给贝多芬的心灵留下深深的创伤,他一生都在为母亲的不幸和早逝感到痛心。

欧洲音乐史上,不少大音乐家的诞生,与他们的家世都有着密切关系,典型的如巴赫,其家族曾出现过几十位优秀的音乐家。贝多芬的家世,虽然不如巴赫那样显赫,但从他祖父算起,也称得上是音乐世家了。他祖父是一位优秀的低音歌手,尽管他在贝多芬3岁时就离开了人世,但他的形象长期以来一直留在贝多芬的记忆中。

贝多芬刚一出世,祖父便怀着激动而慈爱的心情来到他身边。他把贝多芬的降临看作是上帝的恩赐,并满怀憧憬地预言说:"这孩子将来一定会成为一个音乐家的。"

随后,贝多芬的祖父欣然接受了自己儿媳的建议,成为小贝多芬的教父。依照德国天主教的习俗,婴儿出生后,一定要在24小时内到教堂去做洗礼。于是,贝多芬一家人穿戴整齐,来到了莱茵河畔的圣·雷吉乌斯教堂。

这一天,在圣·雷吉乌斯教堂的登记簿上,教士登记了这个孩子的名字:路德维希·凡·贝多芬。这个名字也是他祖父的名字,老贝多芬之所以给孩子起这个名字,是因为他对孩子的未来寄予了厚望,希望他能够继承自己的音乐事业,成为一个伟大的音乐家。

短暂的幸福时光

时光荏苒，半年过去了。波恩终于熬过了漫长的严冬，生机盎然的春天再次降临到人间。然而，约翰一家并不是由于春天的来到唤醒了对生活的希望，而是由于小贝多芬的出世。

正如约翰对妻子所发誓的那样，在贝多芬出生后的一段时间内，他再也没有踏进这座小城里的任何一家酒馆。约翰做了父亲之后，确实感到自己身上有一种非常神圣的家庭义务。而正是这种天经地义的责任感的存在，使他摆脱了以往的不良嗜好，从酒精的麻醉之中清醒过来。

贝多芬家中的收入低于支出，所以他们的生活是很艰难的。这里还必须坦白地加一句，即贝多芬父亲的收入还不够他自己一人用的。

弗雷特烈克登位的时候，宫廷的乐师中有两个贝多芬，49岁的老路德维希和21岁的约翰，他们都是歌手，虽然老路德维希是宫廷中歌唱队的主管，有着崇高的地位，但他仍担任了歌手这一个职位。

但是，父亲在贝多芬心目中留下的形象却与祖父不同，没有慈爱，有的只是粗暴与残酷。很难估量这样一位粗犷而暴戾的音乐家父亲给贝多芬的心灵造成过多少伤害，但无论如何，贝多芬与音乐的结缘，却是这位音乐家父亲一手操办的。

约翰·贝多芬注重从小培养儿子的乐感，他常常为玛戈琳纳搞到演出的座票，专门让妻子抱着小贝多芬一起到剧院里观看演出。

每一次演出，玛戈琳纳都坐在最前排，仔细倾听丈夫动人的演唱，她为自己有一个这样的丈夫感到自豪。约翰唱得非常棒。此时此刻，在玛戈琳纳眼里，只有约翰一个人，周围的一切都不存在了。每当约翰唱完之后，剧场里就会响起雷鸣般的掌声。

依偎在玛戈琳纳怀中的小贝多芬，有时似乎陶醉在父亲美妙的演出之中，动情时甚至手舞足蹈，好像在他那幼小的心灵中，也产生了艺术的共鸣。

约翰的悔改，使家庭气氛又恢复了宁静与和谐。小贝多芬祖母的生日又来临了，家人一早就起来忙碌开了。

依照往年习惯，在傍晚当教堂的钟声敲响之后，贝多芬家的阁楼立刻热闹起来。家人手持各种乐器，纷纷从各个房间里走了出来。

尽管这样热闹的家庭聚会，小贝多芬只参与过很少几次，但却在他那幼小的心灵中刻下了深深的烙印。就这样，小贝多芬在充满着艺术魅力的家庭气氛之中度过了两年的时光。

一天清晨，细心的玛戈琳纳忽然觉得小贝多芬有些不大对头。他总是在床上扭来扭去，一双小手不停地在头上、脸上抓挠着。

玛戈琳纳忙拉开窗帘，不禁惊叫起来。原来小贝多芬不知什么时候起了许多痘疮，脸上、脖子上都是，有的已经溃烂红肿了。

万分焦急的玛戈琳纳推醒了熟睡中的约翰，夫妻俩以最快的速度把小贝多芬送进了医院。医生说小贝多芬得的是一种叫作脓疱疮的传染病。凭着自身的抵抗力，小贝多芬终于渡过了这个难关。遗憾的是，在小贝多芬胖胖的脸蛋上留下了许多小坑。

小贝多芬时常跟祖父到宫廷中去，以至于许多年之后，留在他的记忆中的祖父的影像，是身上披着红色的大氅，威风十足，大模大样地到宫殿里去的那副模样，在小贝多芬的眼里，他的爷爷真是很棒！

毕竟是音乐世家，也许还有些遗传基因，刚刚牙牙学语的贝多芬就喜欢听琴。每当老祖父弹奏钢琴，他不哭也不闹，全神贯注地听，成了老贝多芬的小"知音"。

"我长大以后，也要像祖父一样，成为一个音乐家。"年幼的小贝多芬总是这么想。

幼童时代的贝多芬最初是很愉快的，在宫廷中音乐包围了他，当他需要音乐上指导的时候，仁慈而耐心的音乐家会供给他所需要的一切。但是他的家境是贫困和凄苦的，并没有因老路德维希的地位而稍有改进。当贝多芬五六岁的时候，全家从克莱逊先生处搬到莱恩街倍钧·费斯恰的家里去了。

贝多芬有时还有机会吻一下当时国王套有花边硬袖的手，那是他3岁的时候，就有了这种特殊的荣耀。这时，贝多芬像其他在宫廷里的乐师一样，一定要穿丝织衣裤，腰旁挂剑，头上戴一顶三角形的帽子。

那时，这孩子的心中当然没有什么反感或者叛逆的思想，但日后却变得非常逆反和固执，幼年时他能够接受一切事情，等他自己有了思想以后就发生了疑问。

在他的家庭里，他知道每一个家人都认为神是不可侵犯或侮辱的，他以为假使能够看看天主教徒礼服的里面，就可以知道天主教徒也不过是一个庸俗之人而已。在街上走的时候，再也不会使路人对他们多投一眼了。

随着1773年圣诞节的临近，一场新雪使整个波恩城披上了银装。整个波恩城里少了春、夏、秋的明媚、温暖和喧闹，充满空旷与空寂。

平安夜里，爷爷领着小孙子出去散步。祖孙两个人都穿着节日的盛装，爷爷头戴一顶羊皮帽，身穿灰黑色大衣，脚踏黑色皮鞋。这身打扮一下子让老贝多芬年轻了10多岁。而小贝多芬的红色羊绒衣裤，使他宛如下凡的小天使一般。

格外兴奋的老贝多芬还为孙子买了一棵漂亮的圣诞树，准备同他一起痛痛快快地过一个圣诞节。抬着圣诞树，祖孙两人回到了波恩巷的家中。

"约翰，今天晚上，就让路德维希睡我那儿吧！"他对儿子说。

约翰立刻点点头,同意了老人的要求。

"明儿一早起来,我就送他回来。"老人又补充道。说罢,他领着小贝多芬回到自己家中。老贝多芬住在波恩巷20号倍钩·费斯恰家小阁楼斜对面的一幢房子里面。回到自己家里之后,老贝多芬欣喜地抱起了孙子,用力地亲了一下他的面颊。

"喜欢住在爷爷这儿吗?小家伙!"

"太棒啦,爷爷!"小贝多芬用力地点了点头。

祖父两人来到了圣诞树前,将一个个悬挂在树上的小蜡烛点燃了。刹那间,烛光闪烁如天上的星光,小房间里一片光明。

"爷爷,真好看!"小贝多芬高兴地在地上跑来跑去。

到底是上了年纪的人,也许是购置节日用品的忙碌使他困倦,也许是今天与小孙子走得太累了,这时,老贝多芬四肢酸痛,头发晕。

"小伙子,我累坏了,你自己玩一会儿吧!"

"好的,爷爷。"正在玩着小木马的小贝多芬听话地点了点头。

过了一会儿,小贝多芬也玩累了,他从地板上站起来,脱下衣服,躺在了爷爷的身旁睡着了。

熟睡的老人嘴角上露出了一抹微笑,或许他正在做一个辉煌灿烂的梦。在梦中,他的宝贝孙子已经成长为一个身材魁梧、仪表堂堂的大音乐家。作为乐队的指挥,小贝多芬优雅地挥动着自己的双臂,美妙流畅的乐曲就从他指尖流淌出来。每曲终了,台下都会爆发出雷鸣般的掌声。

老人笑了,心里洋溢着难以言表的幸福之感。这种幸福让老人热泪纵横。

夜空开始发亮了。在东方,人们看见一道亮光,这亮光在白雪的映照下,格外耀眼。晨光给波恩城带来了节日的欢乐,城内的每一个面孔都浮现出笑容。

约翰睁开双眼,伸了个懒腰。"玛戈琳纳,儿子回来了吗?一会

儿，我要带他去参加一个音乐会。"

"还没有呢！也许昨夜玩得晚，让他和爷爷再睡一会儿吧！"在厨房里忙碌着的玛戈琳纳回答。

可是他们夫妻左等右等，小贝多芬还是没有回来，都快 11 点了，夫妻俩开始着急了。

"走，我们去看看。"约翰一边说着，一边拉着妻子的手就往外走。

一进父亲的卧室，夫妻俩立刻就被眼前的情形惊呆了。

只见大床上，老贝多芬安详地仰卧着，一动也不动，走近跟前一看，他原来早已经停止了呼吸。而小贝多芬呢，头枕在爷爷放在胸前的那双手上，依然呼呼地大睡着。

老贝多芬的突然辞世，给正在过圣诞节的贝多芬一家人笼罩上了一种忧伤的阴影。老贝多芬终年 61 岁，他最大的愿望是自己家里能出一位非凡的音乐家。这种期盼，在老贝多芬生命的最后岁月中越来越强烈了。

"爷爷、爷爷……"小贝多芬一次又一次地呼喊着祖父，可是无论他怎样呼唤，爷爷永远地走了。直至许多年后，爷爷的形象一直保留在贝多芬的记忆之中。爷爷的逝世，在一定程度上改变了他的命运。

小贝多芬当时还不大懂得死是怎么回事，但他知道慈祥的老祖父再也不能给他买吃的，给他弹琴，像往日那样疼爱他了。直至许多年以后，他提起祖父还是充满了崇敬，身边始终保留着他的一张照片。

虽然这时贝多芬才只有 3 岁，所能记忆的不过是如那张永远挂在会客厅的油画。他的家属在命名的那一天，特别用月桂树的花圈来装饰它，而作为孙子的贝多芬也感到非常的骄傲。

同时贝多芬也因为他没有出息的父亲而感到羞耻，穷困简直压得他们透不过气来。祖父死后，一家人的生活来源仅靠约翰那点微薄的薪金，尽管贝多芬的母亲拼命节省，巧妇难为无米之炊，日子越来越不好过了。

约翰是一个不争气的家伙，30多岁的人，没有本事却能喝酒，越穷越喝，越喝越穷。有时他也想改变一下家庭经济的窘困，除了当宫廷乐师之外，去兼任家庭音乐教师来贴补家用。因为他的任性与酗酒，主顾们往往不敢用他。

贝多芬就是这样一个家族的延续。按理说，他成为一个音乐家并非意外之事，但成为一个盖世绝伦的音乐家，却不能不说是个奇迹。这奇迹的出现，除了贝多芬的家庭，他的奋斗及天赋，还要归功于他生长的环境。

在当时，波恩是莱茵地带的一个小城镇，人口不到10000人。由此看去，这是一个平平常常的小城。但它也有不平常之处，倒不是因为这小城还有什么未经人发现的奥秘，而在于它是科隆大主教、选帝侯马克西米利安·费里德里希的首府所在地，因而具有了不寻常的意义。这意义除了政治、军事方面的，还体现在艺术上。政治和军事的中心招致大批达官贵人的云集，这又导致风靡社会的贵族生活方式。

构成上流社会贵族生活方式的，除了吃喝玩乐，还有一项重要内容，那就是艺术。而这艺术当中，又以音乐最受贵族们的青睐。为此，各路王侯们争相聘请乐师，建立自己的乐队，而经常性的音乐会和各种演出活动也就成为贵族生活必不可少的内容了。

不管是真心爱好也罢，附庸风雅也罢，音乐人才却由此而集中，音乐艺术也因此而发达。波恩这个小城便成了各路乐坛好手施展才华的地方，当然也就成了新一代音乐天才滋生的温床。

贝多芬就出生在空气中常常飘荡着乐音，生活中常常洋溢着乐感的氛围里，他无时不感觉到音乐的存在，无时不受到音乐的熏陶。

有了这样的人文环境，加上那不算太差的家世，人们有理由期望贝多芬在音乐艺术中大有作为，而贝多芬也的确没有白白浪费这笔

"无形资产"。

从家境来看,贝多芬的童年生活并不是那么无忧无虑的。玛戈琳纳从厨师的女儿变成歌手的妻子,其结合并不是十分愉快的,在她第二次结婚以后,她的父亲就过世了,这对她打击很大,她发觉自己做了一个外表美观而持家无用的歌手妻子,约翰从酒馆回来以后,袋里常常是空空的。

玛戈琳纳既要维持这一个小小的家庭,又要应付地主和杂货店的账单。她的责任是重大的,最使她感到重荷的要算是生孩子,她自1769年至1781年间共生了6个孩子,然而只有3个活下来了。

莱茵河旁的那条小街,是贝多芬幼年五六岁时所消磨时光的地方。孩子不断增加,使贝多芬的家境陷入困难的境况,而他父亲饮酒的程度一日深似一日,约翰请求宫廷中增加他的薪金和地位以应付巨大的开支,但一切都是徒然的。

约翰成了不可救药的酒鬼,他那点音乐才华被一杯又一杯的烈性酒给淹没掉了。不仅如此,酗酒常导致他行为失控,因而屡遭旁人白眼,连他那宫廷乐师的位置都朝不保夕。

对此,约翰并非没有省悟,他甚至还下过痛改前非的决心。然而,那嗜酒如命的恶习毁了他,使他永远找不到自尊,永远不敢抬起头来正视自己的前途、命运。他自暴自弃,对生活、家庭和事业都感到绝望。

约翰的妻子再巧于计划,仅仅能够给她的儿子有衬衫和裤子穿,有肉酱和马铃薯吃,以维持他们的健康和成长,这些头发蓬松的孩子性情是好的,他们的母亲终日就为了这群孩子忙碌着。

贝多芬是个懂事的孩子,知道他的母亲经历了这许多的磨折以后变得衰弱起来,他使自己坚强起来,但又显得有点固执。有时他强迫母亲告诉他关于祖父的事,在他心中祖父是多么值得歌颂。

儿子们都非常信任母亲,在她的头脑中所想的都是切合实际的人生哲学，她需要好好地活下去，这些美德使贝多芬更亲近他的母亲，因为这些正是他父亲所失去的。

约翰的个性是越来越坏了，爱说"漂亮话"，情愿整日流浪在外面而不喜欢守在家中，晚上总是很迟归家，大声地说着话，得意扬扬地高声欢呼。但是最后约翰夫人终于征服了她的丈夫，断了他的经济来源，使他不能再狂饮了。

他的三个儿子是很善良的，偶尔见他在外面多喝了一杯，他们就劝他平安地回家去，他也从不反对，他并不是生性喜欢饮酒，不过是找寻快乐而已。

约翰教他的长子学小提琴和钢琴，所教的也正是他从父亲处得到的，两个小儿子有一相同之点，就是音乐的前途都无甚希望，但是贝多芬却不同了，这孩子很自然地处理着他的五线谱。他的亲友们就会联想到最近发现的天才音乐家莫扎特。

贝多芬的出生给约翰带来一线希望。这希望是一个新的生命使他看到生活的欢乐和光明，从而改过自新，昂首做人，而同时也诱发出他的野心：把这孩子培养成举世无双的音乐家，而自己则可以享受伟大音乐家之父的无上荣光。这是多么诱人的前景啊！

约翰沉浸在自己营造的梦幻中：伟大音乐家的父亲，这感觉太奇妙了。从产生这一念头的那一天起，约翰就在时时刻刻地等待，等待有一天把儿子领到钢琴面前，去实现他造就一代天才的伟大梦想。

残酷的音乐教育

这一天终于来到了。倒不是小贝多芬流露出多少对音乐的爱好，多半是做父亲的等得不耐烦了。

贝多芬4岁那年，一天父亲把他叫到身边，以少有的温和的声调对他说："你今年4岁了，莫扎特像你这个年龄时就能弹小步舞曲，5岁开始作曲，今年才18岁已成名为音乐家，到处开演奏会，能赚很多很多的钱。"

贝多芬怯生生地听着，一动也不敢动。他还不能完全理解父亲的话，但父亲的态度很和善，已经使他很满足了。约翰有他的想法，他自己对前途失去了信心，把赌注押在孩子身上，想让贝多芬成为第二个莫扎特。他培养出一个神童到处演奏，钱就会源源而来。他要把贝多芬当成"摇钱树"。

接着，约翰把孩子抱到了钢琴前的一个小凳上，满有信心地给他讲起了黑白琴键。孩子倒也听得挺高兴。可是当约翰讲完，让孩子把键名一一复述出来时，孩子却瞪大了眼无言以对。结果贝多芬被信奉"棍棒底下出天才"的父亲痛打了一顿，并被勒令在床上反省。这就是贝多芬音乐人生的起步，他的第一堂音乐课。

很难想象这一顿痛打在贝多芬那稚嫩的心灵里留下了什么，是挫伤？屈辱？恐惧？还是仇恨？不管怎样，从那一天起，贝多芬就注定要伴音乐度过一生，无论他是否喜爱，是否具有天赋，是否能在日后成为光宗耀祖的音乐大师。父亲的意志是不可抗拒的。

从此贝多芬被关在屋子里，学习钢琴和提琴的弹奏。约翰充当儿子的教师。他脾气暴躁又过于急于求成，每天规定的功课多得小贝多芬不能胜任,稍不如意则打骂呵叱。贝多芬人坐在琴凳上,心早就跑到外面同小朋友一起玩皮球、捉迷藏去了。他恨父亲,也恨这架老式钢琴,多羡慕街上那些又跑又叫的小伙伴们啊!

有一天小贝多芬趁父亲不在家,央求妈妈说:"妈妈,让我出去玩一会儿吧!就一小会儿,回来就练琴。"

妈妈是最能理解孩子的,她也不满意丈夫的教育方法,就叮嘱小贝多芬:"去玩一会儿吧,千万别让爸爸知道了。"

"知道了,妈妈。"小贝多芬飞也似的跑了出去,像只出笼的小鸟一样。谁知他刚到街上就被喝得醉醺醺的父亲发现了,约翰大发脾气,揪着耳朵把他捉了回来。

小贝多芬吓坏了,求助地望着妈妈。妈妈鼓足了勇气劝丈夫说:"约翰,孩子还小啊,才4岁。"

而父亲自有他的道理。当母亲出于对儿子的疼爱而出面干涉时,他说:"玛戈琳纳,请你不要干涉你所不懂的事。如果想让孩子成才,就得早下手管。我不愿意让我走过的弯路再在他身上重演。如果我当初有一个明白事理的人来管教,我决不会像今天这个样!我父亲作为教师是太慈悲太宽厚了。人必须要有铁一般的毅力和一往无前的精神。我这样做是对待他这种犟孩子的正当方法。"

贝多芬被迫又坐在钢琴前,眼泪一滴滴洒落在琴键上。

这话听起来很不错。但一想到这方法的实施对象只是个4岁的孩子,一想到这方法的实施者不是教师,而是父亲,谁又不从中品味出几分苦涩,甚至是残酷呢?艺术本当给人带来温馨,可对于幼小的贝多芬来说,它竟显得如此冷峻。

有时甚至邻居们也看不下去,当面劝约翰别这样对待孩子。约翰烦了,就会变得蛮不讲理,他经常对人说:"你们懂什么!我是音乐家,我要怎么做,就得怎么做。"这样别人也不好再说什么。

童年的日子是值得留恋的。可是贝多芬的童年没有伙伴,没有童年的欢乐,他是孤独的,他时常偷偷地站在小阁楼的窗前,望着街上的行人,小朋友们在追逐嬉戏,小贝多芬多想跟他们一样无拘无束地玩啊,跳啊!环境使他过早地成熟。

一个孩子,坐在莱茵河边,对着缓缓北去的河水,想着、想着……在沉思中他忘了一切,精神恍惚。长大以后,这种沉思竟成了习惯。一生中他能够忍耐着寂寞、孤独,也许是在童年的性格中奠定了基础。没有孩子的天真,没有撒娇弄乖的家庭条件,他只有从音乐里寻求安慰。他爱莱茵河岸边的绿野、树上的鸟鸣、远处教堂的钟声,这些都能使他忘掉忧愁,得到慈父般的抚爱。

莱茵河庄严地流着,它给了贝多芬以音乐的天赋,也给了他少年时代的贫困和孤独。

又一个迷人的夏天,天是那样的蓝,阳光是那样的炽热,升腾的热气包围了整个莱茵城。成群的蜜蜂在花丛中飞来飞去,莺歌燕舞,好不热闹。

每当黄昏时分,母亲干完了家务,都要领着小贝多芬走下阁楼,母亲挺着隆起的腹部,牵着小贝多芬的手,沿着河岸散步。

一次,贝多芬抬起头天真地问妈妈:"妈妈,我们干吗总是这样走呀?"

"乖儿子,不这样经常散步,肚子里的小弟弟就不会顺当地生出来呀!"母亲回答道。

1774年4月7日,贝多芬的弟弟卡尔·贝多芬出生了。多了一个弟弟，贝多芬感到家里热闹多了。

"妈妈，爸爸还没有回家吗？"小贝多芬问正在暗淡灯光下补袜子的母亲。

"还没有呢，大概一会儿就回来了。"玛戈琳纳停了停手中的活儿，抬起头来笑呵呵地回答她的儿子。

尽管母亲满脸笑容，但是贝多芬并未因此就高兴起来，还是拉长了脸，咧着嘴大哭了起来，一副很沮丧的样子。

"宝贝，赶快睡觉吧！"

"不，我不想睡觉，我要等爸爸回来。"

小贝多芬那圆圆的大眼睛里流露出一副不安和恐惧的神色来，目不转睛地瞪着那个大木门。

"妈妈，爸爸要我在今晚上做好音乐教本的练习。我到现在还没做好呢！爸爸回来一定又会拿皮鞭来打我的。所以，我不敢去睡觉！"

"不要担心，好孩子，我会替你讲明白的，快去睡吧！"

虽然小贝多芬当时只有5岁，却经常遭到父亲的鞭打，父亲总是非常严厉地逼迫他苦练钢琴。

其实，就在贝多芬睁大一双天真无邪的眼睛，环视面前的世界之时，一个响亮的名字已经传遍了整个欧洲，他就是非凡音乐神童莫扎特。这位比贝多芬仅仅大14岁的神童，5岁就能作曲，6岁时便以其出色的钢琴演奏令慕尼黑和维也纳的皇亲国戚们目瞪口呆。此时，这位天之骄子正在他父亲列奥波德·莫扎特的带领下，巡回演出，不仅赢得了鲜花和掌声，而且还赚得了可观的钞票。

在约翰心中，贝多芬的未来就应该像莫扎特那样。他希望儿子来继承家族的事业与荣誉，更期盼儿子能一举成名，改变家里较为困窘的处境。

为了让儿子能成为名扬四海的音乐大师，约翰还真是费了不少心血。早在儿子蹒跚学步时，约翰经常把他抱在膝头，让他用纤细的小手指在钢琴上学弹一些简单的旋律。不久之后,在约翰的督促下,小贝多芬又开始天天学拉小提琴和弹钢琴。

父亲望子成龙,这可累坏了小贝多芬。每天他都要和父亲走半个波恩城,到父亲的酒友家里去,因为这位先生家里有一架音调很准的钢琴。

小贝多芬继承了他祖父与父亲两代的音乐血统,非常喜欢音乐。他父亲有时在家里弹着钢琴,唱着歌的时候,此时不管他在做什么,都会放下来飞奔过去听父亲弹琴和唱歌。

父亲唱完以后,每当要把钢琴盖子盖上时,小贝多芬总是按住他父亲的手说:"爸爸,接着唱下去吧!"

"宝贝,你喜欢吗?"

"是呀,我喜欢,实在喜欢!"

约翰把小贝多芬抱起来,放在膝盖上,一只手按着琴键,一面把同一曲调一遍又一遍地唱给他听。尽管小贝多芬还只是5岁的孩子,可是表现出一副认真的神情。

"孩子,以后我就把钢琴和声乐等,通通教给你好不好?"

"好极了!"

可是自从小贝多芬开始学习钢琴起,只要是约翰在家的时候,他就连一分钟的空儿也没有了。

"你在干什么?还不赶快去练习!"在贝多芬的家里,经常传出约翰的大叫声。

有时小贝多芬实在累得受不了,稍微流露出不高兴的神情来时,约翰就朝他吼道:"怎么了?你看你这副脸色!是不是又想吃皮鞭啊,它可一直在这等着呢!"

只要稍微弹错了一点,或者累得想打瞌睡的时候,约翰就毫不宽容地举起鞭子来,痛打儿子一顿。

每天的练习,并不是一个钟头或两个钟头而已,有时甚至持续一整夜。尽管贝多芬十分喜欢音乐，可还是忍受不了他父亲这种近乎残酷的训练，有时就哭着反抗起来。

"我不想弹钢琴了！"

"什么？"

这时，约翰马上怒气冲天，举起皮鞭子抽了过去。

玛戈琳纳看见了，总是跑过去劝慰。

"孩子，你不是想成为一个伟大的音乐家吗？既然这样，就得忍耐，不管怎样辛苦，还是应该好好练习的。"

经他妈妈一番柔声细气的安慰，小贝多芬往往一边哭，一边点头，又坐到钢琴旁边去继续练习。

和同时代地位相当的其他男孩相比，贝多芬所受的早期教育算不上好，但也不算太差，这要归功于约翰的努力。同时，历史应当原谅约翰的某些短处，因为不管怎么说，当潜藏在儿子身上的天资一显露，他便早早觉察到了，他竭尽自己的全力，严格地向小贝多芬传授音乐基础知识。

为了更好地培养小贝多芬，约翰拿出了自己的全部积蓄，为儿子选购了一架钢琴。当这部昂贵高级的乐器被人抬进家里的时候，玛戈琳纳和儿子小贝多芬简直都不敢相信自己的眼睛了。

的确，在当时，波恩城里能够买得起钢琴的人家，是屈指可数的。然而，为了儿子的未来，约翰几乎是倾家荡产买下了这架钢琴，这对一个俸禄一般的宫廷歌手来说，实属不易。

也就是从这一天开始，小贝多芬好像懂事了许多，每天都要坐在椅子上，在约翰的指导下，苦练琴艺，日复一日，年复一年。这种残酷的练琴，没有使贝多芬对音乐产生反感，形成心理上的障碍，实属幸运。这也许是贝多芬的个性独特之处。

1776年10月1日，贝多芬的二弟尼古拉斯约翰·贝多芬出生了。也就在这一年，贝多芬上学了。他非常喜欢学校开设的功课，什么音乐、拉丁文、数学，他都非常喜欢。尤其是音乐课，勤奋的他，在课堂上表现出来的天赋和才华，引发了音乐老师的好奇与偏爱。

在父亲严格的训练下，贝多芬的演奏水平有了突飞猛进的提高。一些难度较高的古典曲谱，他不仅能弹得流畅自如，而且还能弹出自己独特的理解。

童年的生活对贝多芬来说，显得欢乐不足而沉重有余。这种有些扭曲的家庭教育，又养成了他早熟，爱捉弄人和孤僻的古怪性格。

童年的贝多芬，除了祖父之外，还很喜欢妈妈。妈妈的温柔与呵护是小贝多芬生活中的一缕阳光，照亮了因父亲苛刻教育而变得有些冰冷的心，使小贝多芬拥有了不多的欢乐。玛戈琳纳也非常喜欢这个聪明而有些孤僻的孩子。

丈夫的冷漠，生活的困苦，日常家务的劳累让她感到压力重重，不堪重负。有了小贝多芬的陪伴，玛戈琳纳才意识到生活并非对她太过残酷，可以说，儿子的成长与进步是玛戈琳纳的唯一慰藉。

小贝多芬也常常和妈妈一起散步，呼吸大自然的清新空气。一天傍晚，母子俩手牵着手，漫步在莱茵河畔。小贝多芬指着其中的一艘船问："妈妈，那艘船要开到哪里去？"

"唉，妈妈也不知道它要去哪儿。如果有一天小贝多芬也能够登上那样的大船，到远方的城市里去开演奏会，那就再好不过了！"

"那远方的都市维也纳！音乐之都维也纳！"玛戈琳纳一边说，一边情不自禁地发起了感慨。

看着妈妈这么出神，这孩子的神情，也立刻兴奋起来，他大声问："妈妈，那里一定有许多伟大的音乐家吧？"

"是啊，那里不仅有许多音乐家，而且有许多漂亮的音乐厅。"

从此，小贝多芬便立下了去维也纳闯荡的远大志向。

一天，约翰对小贝多芬说："孩子，听我说，选帝侯王爷星期天想听一场戏，我在剧里演一个重要角色，你这个星期要是好好练琴，你妈就带你坐马车去听我演唱，我给你们要几个好位子。"

孩子听到这些话，以为自己听错了。不过，他的兴奋情绪实在无法掩饰。去选帝侯宫廷听戏！终于得到了这样的机会，小贝多芬不禁手舞足蹈起来，他从来没有这样开心过。

其实，约翰听了妻子的劝说，决定对儿子采取另一套管教办法。既然打骂使小贝多芬恐惧，那何不采取奖赏的办法试一试呢，孩子也许希望练琴。

小贝多芬第一次看见父亲在这样辉煌的舞台上唱歌，他看着父亲做着夸张的动作，唱着悦耳动听的歌儿，心里感到非常的骄傲。

这天晚上，小贝多芬上床睡觉的时候，脑子里还是一片喝彩声。睡着以后，他梦见自己变成了一个穿号衣的人，舞着手中的指挥棒，似乎把自然界的所有元素都释放出来，似乎内心所有的热情都喷涌出来。

童年的贝多芬，尽管有些忧郁，但他那纯真、顽皮的天性并没有因此而被埋没。孩子离不开自然，大自然也正因为有了孩子的融入，才显得不那么寂寥。大自然的美，使小贝多芬的心灵受到了一种纯洁的洗礼。

小贝多芬觉得自然界的鸟叫虫鸣、山光水色、鸟语花香，都是一篇优美的乐章，也就因为这每天短短的与自然的接触、交融，熏陶了他的情趣，润泽了他的心情，使他愿意继续弹奏钢琴，并且在未来的艺术生涯中将自然界的声音融入了自己的作品之中。

拜师学艺

年轻人把受教育求进步的责任和对恩人及支持者所负的义务联结起来，是最适宜不过的事，我对我的双亲做到了这一点。

—— 贝多芬

教育遭受危机

1778年3月初,光秃秃的树木虽然还在寒风中抖动。但是热爱大自然的人们,能看到春天正悄悄地向人间走来。

这年贝多芬8岁,约翰认为儿子可以为他赚钱了。约翰和亲友们计划一个策略以解决经济上的困难。当地报纸登出了约翰的儿子贝多芬和学生姆勒·阿佛唐克要开一个合奏会。报上如此地登载着:

8岁神童合奏会

一个8岁的贝多芬将给各位先生、太太们带来无穷的快乐,他将演奏不同的风琴协奏曲和三重奏。它将带给整个宫廷以极大的荣耀。

地点:科隆音乐学校大厅

票价:每人一金币

这次演奏还算成功,打这以后,贝多芬便无可选择地背起音乐这副沉重的十字架。在父亲的威逼下,他无休止地练琴,直至神经麻木,双手的运动根本不受大脑的控制。

在这样的盲目训练下,贝多芬失去了许多童年的欢乐,不能跟邻居的孩子们一块嬉戏,不能到乡间野外去尽情玩耍。只能日复一日地练习,练习,再练习。在那枯燥的音符里,他既听不出生活的喜悦,也看不到灿烂的前景。这时的音乐,就像一块石头,在翻来覆去地磨砺着他那颗幼嫩的心。

而父亲呢?他那个信念始终没有动摇:一定要把这孩子培养成天才音乐家,然后带他云游四方,享誉天下。这信念使他更严厉、更苛刻地对待儿子的音乐课程,一不如意,便拳脚相加。这时的他,已不是父亲,不是教师,而成了暴君。

终于有一天,儿子不堪这折磨,对他哭喊道:"我再不愿弹钢琴了。我将来就愿意当个面包师好不好!"

这一声哭喊真非同小可,约翰感到震惊,感到愤怒,而后心里忽然冒出一些恐惧。他不由得陷入了沉思:这孩子出毛病了?自己有哪些做得不对的地方呢?他所做的一切不都是为这孩子的前程吗?

这时候,约翰隐隐约约地感到了某种不安,开始怀疑自己是否有能力教导这孩子了。孩子母亲的感觉和意见证实了这一点,他的确不再适合做孩子的音乐教师。

于是,他便静下心来与妻子商议,该给孩子寻一个好老师了。在波恩,这实在是一件不困难的事情。从此,贝多芬的音乐生涯就出现了转机,这时候,他才七八岁。

贝多芬上了小学之后,稍稍摆脱了父亲的控制,在学校里他才有点自由的时间。

不过贝多芬在学校中所受的教育很不适合,他先后进入牛加萨和谬司脱秀拉的公立学校,后来又上过钦洛锡尼拉丁文学校,他在这里学习了足够的拉丁文以供日后之用,但没有学习拼法和数学,所以他终生对这门功课不能了解。

在歌剧中贝多芬也能用法文,写得也很像样,他对意大利文也因歌剧上的需要而很熟悉。一切他所学的,常依自己的意思去做,同学替他取了一个绰号叫"黑炭儿",因为他有一头蓬松的黑发和一张黑脸,他自己也默认了这个绰号。

约翰注意他孩子的进步并没有自己想象中那样的快,虽然管教得极严格,但是仍没有到圆润的地步而可以演出,他的教材有指法和理论，使十指活动起来宛如一个润滑的机械，他的手指仍不能听指挥而徘徊在最初的地步上，这样下去只会浪费时间。

这时，约翰的朋友费斯恰对贝多芬说："音乐也是一种工作，与别的手艺一样先要有一个详细的讲解。你还没有达到自己写谱的时候，先将钢琴及小提琴都练熟，同谱上奏得完全正确了，你做到这一个地步以后，才可以照自己的意思来做，但这是日后之事。"

从此以后，约翰就按费斯恰的方法教他拉小提琴。贝多芬应该能拉得很好，可是他没有按常规去练，他往往有一种感觉，就是对于一种乐器比如钢琴有特别的敏感，在他没有用到以前就能知道了。

其实，这就是一种"天才"的灵感，但还只处于萌芽状态。但没有发现这"火花"的约翰失去了他的耐心，反而大骂费斯恰的方法。

约翰对这个小孩有些不懂了，以后应当怎样教导他？最后他得到了一个结论，送他到宫廷里去奏乐。

年幼而傲慢的贝多芬所知很少，他不过是一个刚开始学习的小学徒而已，当他学得了技艺以后，竟依照自己的志愿而开始创作起来，他能把握每一种乐器所表现出来的情绪而有所领悟，他的父亲并没有发现自己儿子"天才"的萌芽，反而为此感到了极大的失望，认为自己的希望是完完全全地幻灭和烟消云散了。

这种不明智的表现，使贝多芬精神上受着很大的打击，他不能憎

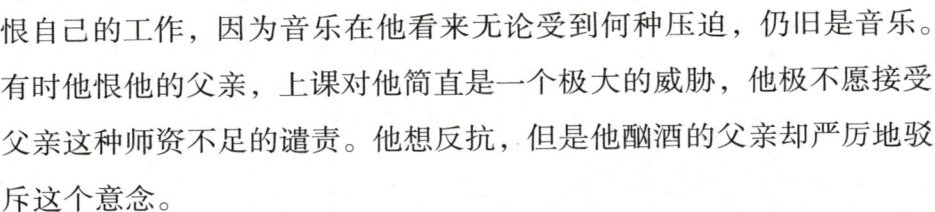

恨自己的工作,因为音乐在他看来无论受到何种压迫,仍旧是音乐。有时他恨他的父亲,上课对他简直是一个极大的威胁,他极不愿接受父亲这种师资不足的谴责。他想反抗,但是他酗酒的父亲却严厉地驳斥这个意念。

可怜的小贝多芬从来不敢正面反抗,只能在暗中对这个不公正而且不受他尊敬的老师表示蔑视。这时的贝多芬对每一个刺心的字眼都是无能为力的,不公正是他所遭遇到的最可怕的事情,也是不能忘却的。

约翰给贝多芬请的第一位音乐老师是他的朋友,宫廷老管风琴师海恩瑞希·范·丹·伊登。

老伊登是个慈祥、善良的人。当贝多芬的父亲向他说出自己的愿望时,老人深情地说道:"我的好孩子,我觉得过错在你身上。我现在73岁了,但是我所想到和知道的,就是一个钢琴家总是要一个钢琴家来当老师。你不是钢琴家,我的孩子。你所会的那些,大概你儿子也早已经会了,你却怪他无聊,不用功。你把他带到我这里来,我愿意教教他。如果我能够在入坟墓之前,对宝贵的路易斯尽一点力量,那也算我的福气。"

老人的话多少打动了贝多芬父亲的铁石心肠,他似乎看到了一道圣光照亮了儿子的前程。

第二天,他就领着儿子去拜见老人。此时的贝多芬,还没有从对抗的情绪中扭转过来,对父亲、对钢琴、对音乐,都充满了敌意。他很不情愿地随父亲迈进了老伊登供职的大教堂。

教堂里庄严肃穆,壁画上圣母怀抱婴儿,静静地坐着。一缕阳光从天窗射入,使室内显得温暖而和煦。贝多芬感到自己郁积在心里的紧张和焦虑被这圣洁的氛围慢慢地化解了。

忽然间,一个轻微的声音在空气中飘荡,紧接着是第二个、第三个……越来越多、越来越强,汇成一种共鸣,随着时间延续,又化为一首古老的圣歌。

贝多芬愣住了，这乐音不像是人间的声响，而像是来自遥远的上苍。他猛然一阵顿悟：这才是音乐。原来音乐竟然如此美妙，如此动人。他学了这几年的琴，怎么居然毫无察觉呢？

当最后一个音符消失之后，贝多芬低声问道："爸爸，这是谁作的音乐？"

父亲指了指一架管风琴旁边的一位白发老人，说："去认识一下你的老师吧，孩子。"这正是老音乐家伊登。

从此，小贝多芬开始拜伊登老人为师，跟他学习音乐理论和钢琴。这一年是1778年。

但老伊登毕竟是到了垂暮之年，对于充满了生命力和好奇心的贝多芬而言，他所传授的知识似乎显得灰暗、刻板了些。

而贝多芬初入音乐殿堂，对各种音响、各式乐器几乎都是一见钟情，他怎么能够满足于只听一种声音在他耳边絮叨呢？何况，老人只愿意教他弹钢琴，而不让他尝试一下他着迷已久的管风琴。要知道，他不到7岁的时候，就在科伦举行过钢琴演奏会。

于是，小贝多芬有了许多苦衷。好在老伊登既宽容，又精力不济，除了上课之外，对贝多芬的兴趣、爱好并不多管。

这样，贝多芬就有了机会多方求师，先后跟威尔巴德·柯赫及神父汉斯门等人学管风琴，跟弗朗兹·乔治·洛凡提尼学小、中提琴。

还有脱比亚斯·弗烈德里西·匹爱费尔，他是小贝多芬父亲最要好的朋友，也是一位男高音，而且能弹钢琴和吹双簧管，他开始教导贝多芬，还是在一天半夜。

俗语说得好，江山易改，本性难移。随着时光的一天天滑过，约翰又捡起了那令人厌恶的酒瓶子，并且脾气也变得越来越暴躁，往日对妻儿的温情也跑到九霄之外了。尽管如此，约翰还是并没有忘记父亲的职责，认真教育下一代，把儿子培养成才。

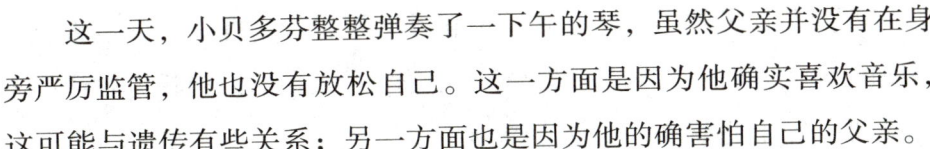

这一天，小贝多芬整整弹奏了一下午的琴，虽然父亲并没有在身旁严厉监管，他也没有放松自己。这一方面是因为他确实喜欢音乐，这可能与遗传有些关系；另一方面也是因为他的确害怕自己的父亲。

虽然他推想爸爸一定正在酒馆里举杯畅饮，但却搞不清楚他会在什么时候闯回来。倘若在他走进家门的时候，竟然没有听见家里传来琴声，那贝多芬肯定就会被暴打一顿。因此，小贝多芬一会儿也不敢偷懒，一双小手不停地弹呀弹，直至晚餐时才停下来。

已经是午夜时分了，波恩城也慢慢地睡着了。在昏暗的街道上，约翰和他的酒友匹爱费尔先生并肩走着，他们脚步踉跄，互相搀扶依靠着才能往前走。约翰把匹爱费尔请回家，是请他来教授贝多芬钢琴课的。

波恩巷20号的小阁楼，在皎洁月光的沐浴下显得格外安静。

约翰和匹爱费尔先生磕磕绊绊地爬上了楼，他们没有去约翰的房间，而是来到了小贝多芬的房门前。

"喂，客人来了，快点开门。"

这天晚上，约翰虽然依旧喝得醉醺醺的，但可以看得出来，他还没有完全糊涂，而且显得非常兴奋。

"路德维希，你睡啦？"约翰卷着舌头，含混不清地一边往前走，一边喊着，径直闯进了儿子的房间。

"你今天还没有练琴呢！快起来！"在匹爱费尔先生点燃蜡烛的同时，约翰已经来到床前，掀开了被子，将儿子一把拉了起来。

可怜的小贝多芬，在父亲的强逼下，站到了那张小板凳上。由于觉得委屈，小贝多芬还在抽泣着，顾不上整理好衣服。

匹爱费尔先生抱起小贝多芬，放在自己的膝盖上。

"从今天开始，你将有一位新老师，匹爱费尔先生。快向老师问好，说'匹爱费尔先生'好。"

从这天晚上起，小贝多芬又多了一位老师。

匹爱费尔老师的生活方式，正和他父亲约翰一样。大致每天总得喝到夜里十一二点之时，才和约翰从酒馆回来。他们把睡得香甜的小贝多芬从床上叫起来，要他去弹琴。

这时，小贝多芬已经9岁了。以前父亲要他整夜弹钢琴，他经常吵着哭着，大发脾气。现在，他的脾气已经好得多了。而且匹爱费尔的本领的确比爸爸高明几倍，而且也愿意认真地教他。所以，这时，他倒觉得比从前快乐了一些。更重要的是，匹爱费尔不会像父亲那样拿鞭子打他。

"路德维希对音乐实在是有天分，小小年纪，钢琴弹得如此出色，这实属罕见。"匹爱费尔有时忍不住夸奖。

小贝多芬听到如此夸奖，有些自负地说："老师还不知道吧，早在一年前，我就参加过科隆的音乐会呢！并且获得了一致的好评。"

"那是由于你那时年龄尚小，大家才会另眼看待你。真正的天才，是靠刻苦地训练得来的。所以，你必须废寝忘食不可。同时，钢琴、小提琴等样样都要学，歌也要唱得好，甚至作曲也要学好。"匹爱费尔说。

小贝多芬听了这番话，低头深思起来。在小贝多芬看来，成为一个音乐家，无非是好让妈妈过得好一些。于是，他更加努力地学习弹钢琴。

匹爱费尔先生在音乐方面的天分的确出众。然而还不到一年，他就离开了波恩，又开始了他的漂泊生活。

小贝多芬没忘记过这个流浪的老师，后来当匹爱费尔先生风烛残年，身陷困境时，小贝多芬得知后，多次送钱、送物，来报答他的教导之恩。

找到合适的老师

那时候在波恩还没有什么音乐专科学校，多半是请私人先生来教，像我们中国过去拜师一样。约翰几年来已把自己的本事全部教完了，再也没什么值得贝多芬学的了。他只好请比他本领高的乐师或是贝多芬祖父的朋友来教，这些人往往教不了多久，就感到力所不及，因为贝多芬特别聪明，进步太快。约翰只好另请高明。

在这一段时期，这些老师走马灯似的在贝多芬身边转来转去，每个老师都认为贝多芬很有天才，可是人人都觉得力不从心。

就连贝多芬的父亲都看得出来，这些人都不足以把已经显露出过人才华的贝多芬培养成音乐天才。更何况，这些老师中最有作为的洛凡提尼又英年早逝。能让自己的心血和儿子的才能就此付诸东流吗？

直至有一天，小贝多芬遇到了一位真正适合自己的老师，这就是涅伏，他不仅教贝多芬弹奏的技巧，还教他如何做人的道理。贝多芬终生感激这位人生路上的第一位老师。

涅伏是格罗斯曼·赫尔默恩协会乐队的指挥。虽然还不到30岁，可是，在指挥歌剧方面来说，不论在莱比锡还是在德勒斯登，人人都知道他是位指挥好手。

不只这些，他还会作曲。他早已出版了24支奏鸣曲、歌曲及颂歌等好多作品。

1781年年底的一天，贝多芬由父亲带领，拜见了这位年轻的音乐大师。从此，他的音乐生活揭开了新的一页。

小贝多芬一到，涅伏就要他坐到钢琴旁边去，要他弹奏巴哈的钢琴曲。小贝多芬用他非常有力的手指，专注地非常熟练地弹了一曲。

"不错，不错。"涅伏一边点头，一边止不住地夸奖。

"难得！难得！真是难得！这样高的天分，实在令人惊讶！现在，再挑一首即兴弹一弹。"

涅伏这么一说，小贝多芬弹得更有劲了。

"好了，你是天才！如果努力，你会是第二个莫扎特！"

这时约翰再三恳求他收下贝多芬这个学生，涅伏虽然自己每天都很忙，但是看到贝多芬这样的天才，还是毫不犹豫地答应了约翰的请求："好吧！从明天起让他到我这里来上课吧！"

涅伏给贝多芬上的第一堂课，是一件值得大书特书的事情。就因为这一堂课，才第一次有人真正看到了贝多芬那尚未尽情发挥的音乐天才，真可谓"慧眼识英雄"。

当这堂音乐课结束，贝多芬离去后，涅伏就兴奋而又不无"妒意"地对妻子说："他是个天才，就和以前世界上几百年才出现一个的天才一样。"

随后，涅伏又对贝多芬父亲的愚昧及其以往老师的浅薄表示愤慨。他决心以自己的方式把贝多芬调教成音乐大师。为此，涅伏为贝多芬准备了系统的音乐理论课程。

不过，涅伏可是一个非常严厉的老师。尽管小贝多芬已经累得精疲力竭了，但是，如果发现一点不满意的地方，就要严厉地训斥一番。

在小贝多芬学习通奏低音、钢琴演奏的同时，涅伏开始将乐理知识排入了贝多芬的课程表。他用通俗易懂的语言，讲解音乐是通过声音塑造的形象，是表达人类思想感情的一种形式。

真正的音乐能表达文字所不能表达的内容。在音乐面前，文字可以说只是一种可怜而贫乏的工具，它是出于人们相互理解和共同需要而产生的。可音乐呢，仅仅几个音节，几个短短的声响，就能使人们震惊、感伤、舒畅、激动。人类内心里每一种微妙的情感，它都能生

动地展现、表达出来。

涅伏先生这些深入浅出的讲解，是小贝多芬从未听过的。他开始被涅伏先生那渊博的学识、亲切的谈吐和闪光的人格力量所倾倒。在相当长的一段时期，涅伏先生成了贝多芬最盼望见到的人。

另外，贝多芬也十分高兴，因为经常到老师这儿，他就可以少受一点父亲的管束了。他每天按时到涅伏老师家里上课，师生之间处得十分融洽。

涅伏挺喜欢这个倔强又有些忧郁的小孩，从心里产生了一种怜爱。他对贝多芬说："孩子，我要教你钢琴、提琴，还有风琴。唔，关于作曲，你也要学！"

涅伏同约翰的教法显然不一样，他先从基础讲起，循序渐进，逐步由浅入深。教弹奏方法也讲乐曲的内容，休息时还给他讲关于音乐家的故事等。

贝多芬此时才眼界大开，真正感受到音乐的魅力。他在涅伏老师的教导下，演奏技艺飞速地长进。

一天，师生两个聊了起来，涅伏问贝多芬："路德维希，你学音乐是为了什么？"

"当音乐家，当有名的音乐家。"贝多芬不假思索地回答了老师的提问。

"很对，可是当有名的音乐家又是为了什么呢？"涅伏把问题又深入了一步。

贝多芬想了一想说:"爸爸经常告诉我的是成为一个大音乐家,可以挣得很多的钱。我并不同意他的说法,可究竟为了什么,嗯!这个问题我也没想清楚。"对这个既简单又十分复杂的问题,10岁的贝多芬确实难以说清楚。

"孩子,"涅伏郑重起来,一脸严肃的神情,"你要时刻记住,要用音乐弘扬人类的美德,战胜邪恶。对遭受不幸的人们给予同情、温暖,使他们得到安慰。千万不能为了金钱、名利,让音乐成为权势者的奴仆,出卖了自己的灵魂。"

小贝多芬听懂了,这次谈话在他的心上深深地打上了烙印,这个观念影响支配了他的一生。他之所以能傲然屹立,不随波逐流,追求真理、正义,追求真善美的艺术境界,就得益于这位良师很大的影响,是涅伏老师给他上了人生的第一课。

从这以后,小贝多芬和涅伏变成了忘年交,并把他当作自己的良师益友。因为涅伏不仅是在培养一个音乐家,更没有忘记他是在培养一个人。

在授课过程中,师生间既以诚相待,却也时常发生冲突。对于贝多芬,涅伏一方面看到了他超人的才能和许许多多的优秀品质,同时也能洞悉他性格中的种种弱点甚至缺陷。他要用自己的智慧把这个暴躁而又高傲,并且性格上多少有些分裂症状的孩子培养成一个伟大的、顶天立地的人物。

为了这一目的,涅伏的教育方式有扬有抑,夸奖和批评双管齐下。尤其是对贝多芬作品中那些粗浅和庸俗的东西,从不姑息迁就。而让贝多芬那颗孤傲的心接受别人意见又谈何容易?于是师徒之间也不断产生摩擦、争执甚至于敌视。

贝多芬就曾向友人抱怨涅伏对他的一些初试之作给予了过分尖锐的批评。但当他冷静下来,就能感受到老师那颗真诚而炽热的心。

他曾这样感谢老师说:"由于得到您一直不断的关怀和指导,才能让我得之于上帝的音乐不断提升,如果有一天我真的能够成为一个真正的音乐家,那其中一定有您的功劳。"贝多芬虽然说得非常含蓄,但是感恩之情还是溢于言表。

时光就在弹奏琴弦的指尖上慢慢流过,贝多芬已经跟随涅伏先生学习了半年有余。凭着一股执着的韧劲,他的钢琴演奏技巧和乐理知识有了突飞猛进的提高。

一天,涅伏先生走到小贝多芬的面前,语重心长地讲道:"孩子,你的琴弹得不错,你知道这首曲子是谁谱的吗?"

"老师,当然是巴赫了。"小贝多芬想也没想,便脱口道。

"我想,你现在要学着抛开这些别人谱写的乐曲,用你自己的手来表达自己的心声了。"涅伏先生说。

"用自己的手来表达自己的心声?"贝多芬有些不解地问老师。

"对,你应该拿起笔来作曲,就像海顿那样表达自己的心声,把自己的心里话写在纸上。"涅伏专注地望着贝多芬的眼睛。

就这样,在涅伏先生的指导下,贝多芬开始了创作生涯。第一次,贝多芬把自己谱写的乐曲交给了涅伏先生。

涅伏先生接过来说道:"孩子,现在你就来弹一弹你的作品吧!"

在涅伏先生的鼓励下,贝多芬开始演奏自己的作品,他表演得十分投入。

听完了乐曲,涅伏先生点了点头说:"孩子,你真的很有天赋,但你如果想成为一个能够流传千古的作曲家,你就不该这样写。"

"为什么?"小贝多芬一脸迷茫。

"一个真正的作曲家,应该是能够肩负起历史使命的人。用自己的笔,在乐谱上点燃人类的热情。如果一个作曲家留给后人的全部都是哀伤的音符,那么未来还能够有什么希望?你说是吗?"涅伏先生严肃地说。

经过涅伏先生的指点，贝多芬觉得自己学到了许多东西。他深深明白了：一个真正的作曲大师不应被个人微不足道的命运所左右，而要有不向风吹雨打和饥寒交迫的生活低头的气魄，要学会去忍受生活的种种磨难和艰辛，以自己顽强的毅力和坚忍的意志去开启蕴含着伟大奥妙的音乐宝库之门。

恍然大悟的贝多芬咬了咬嘴唇，用有点颤抖的手一把抓过自己创作的乐谱。

看见他的举动，涅伏先生惊讶地问："孩子，你想做什么？"

贝多芬三下五除二地将那乐谱撕得粉碎，将碎片抛入了熊熊燃烧的炉火之中。

贝多芬望了一眼炉中的火，对涅伏先生说："这曲子空洞无物，太过灰暗，没能给人以勇气，更不能点燃人们对生活的希望，我一定要重谱曲子。"

师生情谊深厚

小贝多芬是幸运的,遇到了涅伏先生。对于他来说,涅伏先生不仅是他的良师益友,更是他的一颗福星。在他的精心培育下,贝多芬得到了良好的引导,并且极大地发挥自身蕴藏的潜能。

1783年,贝多芬的处女作在涅伏的大力推荐之下出版了。这是根据德雷斯勒的一首进行曲改编的钢琴变奏曲。这首作品部分显露了少年贝多芬在钢琴技巧方面达到的程度。

在涅伏的指点和关照下,贝多芬的事业有了很好的起步。

1782年当贝多芬仅12岁时,就以管风琴独奏家的身份代替了涅伏的职务。第二年,音乐出版家格茨出版了他根据德雷斯勒的进行曲改编的《钢琴变奏曲》,这是贝多芬第一首发行的作品。当地一家音乐杂志介绍贝多芬说:

"路德维希·凡·贝多芬是个12岁的孩子,是以前所提到的男高音的儿子,很有天才,前途无量。他的钢琴演奏得十分完美而有威力,即席演奏时弹得很简洁,他演奏了塞巴斯蒂安·巴赫的《十二平均律钢琴曲》中绝大部分,这是涅伏先生教给他的。涅伏先生根据他具备的其他条件,目前正在教他作曲。为了使这位年轻的天才能够去旅行,他应得到补助金。假如他的进步就像开始时那样迅速,毫无疑问,他将成为第二个莫扎特。"

对一个孩子来说,这样的评价已相当难得,相当不错了。其间,涅伏的作用同样受到了关注和好评。

不久,当地又一家杂志预告贝多芬的一些重要作品要出版,它们是3首题献给"仁慈的国王马克西米利安·费里德里希"的钢琴奏鸣曲。所有这一切都表明，贝多芬在涅伏的引导下，正朝着伟大音乐家的目标迈开了坚实的步伐。

正当贝多芬踌躇满志的时候，他的家境却一天不如一天。

在卡尔和约翰之后，母亲玛戈琳纳又生下了一男一女。但不幸的是，这两个小生命都夭折了。这使得母亲在精神和身体上遭到了双重打击，她病倒了。

作为家中的长子，那繁重的家务理所应当地落到了他的肩头。他每天都忙于做饭、洗衣，照顾两个顽皮的小弟弟。这从早到晚的忙碌，让他根本就没有精力再去练琴。

一天傍晚，父亲又去泡酒馆了，弟弟们去楼下玩耍，家里只有母亲和贝多芬两个人。

"好孩子，辛苦你了，你为什么天天都待在家里，不去学琴呢？"

"妈妈，我以后不再学琴了，我想好了。我明天就去找涅伏先生，跟他告别。"

听了儿子的回答，玛戈琳纳的心都碎了，一时间，五脏六腑俱痛，泪水潸然而下。

第二天，贝多芬脸色苍白，红肿着眼睛跑到涅伏先生的家里。

涅伏老师非常惊讶："怎么了？你身体不好吗？你的脸色为什么这么苍白？"

涅伏先生这一问，贝多芬尽管一再咬紧嘴唇，大颗大颗的泪珠还是情不自禁地流了下来。

"有什么事情让我们的小天才这样难过？"你说说看。涅伏先生把贝多芬抱在怀里。

于是，贝多芬一面不停地抽泣，一面断断续续地细说原委。

涅伏先生了解他家里的情形之后，就出去替他四处奔走。在先生的努力之下，贝多芬当上了宫廷礼拜堂的风琴手，年薪是150个金币。

贝多芬咬着嘴唇，含笑仰视着恩师，他抑制不住自己的感激之情。兴奋地说道："太感谢您了，先生！"

他把第一次得到的薪金拿回家里时，约翰接过钱十分兴奋，拍着儿子的肩膀说："你总算向音乐家迈出了第一步，我为你高兴。你应该感谢我从小对你的培养。"

望着酒气逼人的父亲，贝多芬只是觉得他很可怜，很无聊。他爱母亲，他愿意让母亲分享他的喜悦。他来到母亲身边，母亲慈爱地望着他，什么也没说。但他很满足，母亲这慈爱的目光包含了他需要的一切。他发现妈妈脸上的皱纹越来越深了。

也不知从哪一天开始，波恩巷里的人们开始发现了一位身材短小粗壮，面孔黝黑的少年。每天他腋下总是夹着一顶折叠式礼帽，身着墨绿色燕尾服，外罩白绸马甲，下穿绿色短裤，白色长筒袜，足蹬带黑色活结儿的鞋，腰系银色佩带，上面挂着一把稍微嫌长的佩剑，匆匆忙忙地离开广场附近那又脏又乱的小巷，满怀梦想与希冀而又略带腼腆地从卫兵身边走过，踏入那座豪华的宫殿之中。

贝多芬步入华丽的大厅。大厅里，12架冠状吊灯照得人眼花缭乱，身着盛装的上流贵族们正等候着音乐会的开场。

经验是最好的导师。在装饰着哥白林珍贵双面挂毯的宫廷教堂里，贝多芬是管风琴师。在闪耀着蓝绿金光的剧院里，他又变成了键琴师。

在这一时期，贝多芬接触到了巴黎、维也纳、曼海姆等各个流派作曲家的大量作品。这些作品在这个思维活跃的少年的心田里撒下了一颗颗珍贵的种子，后来终于开出了一朵朵瑰丽的艺术之花。

这样，贝多芬就有了相当于他父亲月薪半数的收入。这笔收入，对于这个陷入困窘的家庭，有着很大的帮助。自从有了涅伏这位老师，贝多芬身上那天才的音乐细胞都渐渐地觉醒、活动起来。而涅伏赐予贝多芬的也不仅仅是作曲与演奏的技巧，更珍贵的，是对贝多芬音乐天分的由衷赏识，并以自己高尚的人格去呵护这位少年天才的成长。

这一年，他写了一首钢琴奏鸣曲，约翰知道后说一个朋友要看看，拿走了。不知他通过什么路子，竟把这乐曲送到了选帝侯那里。选帝侯对这个13岁少年的作品很感兴趣。无形中扩大了贝多芬的知名度，这件事也激发了贝多芬作曲的兴趣。在波恩，人们都知道这位神童贝多芬。涅伏老师对他的弟子更加着意教导，要把自己的全部知识毫无保留地交给他。不过，在他们师生之间，还发生了一段非常富有戏剧性的佳话。

在1784年的一份年薪表中，我们看到涅伏的薪俸从400金币减至200金币，而贝多芬则突然间拿到了150金币。在当时，一个初出茅庐的少年乐师跟大名鼎鼎的老师的薪金只有这么点差额，是很令人奇怪的，也足以使老师感到难堪。

的确，涅伏得到这一消息后大为恼火，他为自己如此被人看轻而愤怒，也为学生突然而来的荣誉而产生妒忌，最后，竟然怀疑是学生背后捣鬼，才有了眼前这令人尴尬的局面。

于是，他把一腔怒火一起发泄在贝多芬身上。事后知道，原来是因为名字上的小小差错，闻名全国的涅伏被当成了另一位不知名的、平庸的乐师。从而有人打报告拟免去他管风琴师的职位，由已经崭露头角的贝多芬代理，这报告得到了选帝侯的批准。

事情弄清楚后，选帝侯提议恢复涅伏乐团管风琴师的职位。那么贝多芬呢？有人主张撤销任命，并付给他一笔小费作为安慰。

这时的涅伏却在沉思了片刻后，以坚定的口气说道："君王殿下恕罪。在这件事尚未决定之前，我决定放弃我半数的年薪。那孩子是我的学生，一个出众的人才，可以说是天才。我对他可以下拜，当然是说思想上。我有责任关心他的一切。"

这番话令选帝侯十分感动，他深深地佩服涅伏的音乐才能，这样也就深深地知道涅伏所说"天才"二字的分量，他当即宣布对贝多芬的任命不变，并在合适的时候，恢复涅伏400金币的年薪。

这段佳话或许经过后人的渲染，但我们有理由相信，贝多芬乐意追随并由衷感激的老师，会如此大度、如此高尚，会把一个人的天才看得比金钱乃至于自己都更为重要。

为此，我们也有理由替贝多芬庆幸，庆幸他找到了这样一位明眼、无私而又有音乐才华的引路人。跟涅伏学艺这段经历，是贝多芬"从师记"里最精彩的篇章。

就在贝多芬在皇宫里的地位一天天提高的时候，皇帝却死了。墨克雪密林·法朗兹皇子于1784年12月的圣诞前夕在波恩的法洛林教堂披上了礼服，受洗礼而登位了。

新皇帝法朗兹是一个不拘礼仪的人，他仁慈而脾气良好，28岁的时候去了波恩。虽然他非常喜欢参加私人的谈话会，但却不愿意在大庭广众面前露面。

法朗兹虽然对皇帝这个职位的责任漠不关心，但是他的母亲却是个社交能手，很熟练地替他安排一切。虽然他在维也纳没有学会多少政治权谋，但却学得了足够的艺术和学识，因此他的波恩之行就像是另一世界吹来了一阵革新之风，拂过了这个默默无闻的城镇，使波恩从此以后成为世界上有名的城市之一。

最重要的是，法朗兹将维也纳生动的音乐介绍到这里来，他能唱声调圆润的歌曲，并且还能拉中提琴，他没有将自己的天才完全表现出来，但做了一件极有贡献于艺坛之事，就是收集了一切关于音乐的书籍，创办了一个图书馆。假使他每年的收入不能维持一个第一流歌剧团，他就会每季演出一次谢肉祭，这是一种接受捐助的宗教活动，但音乐是其中最重要的部分之一。

就这样，波恩被音乐浸融了，许多被作曲家所遗忘的短歌剧都演奏起来，我们很容易想象得出少年时代的贝多芬对音乐的追求是多么急切！

皇帝第一步要做到的就是要调查宫廷中每一个乐师的才能和情况，男中音约翰·贝多芬的自述这样被记录在册："我的声音非常持久，服务的时间很长，虽然家境困苦，但举止正直。"

调查者对于副风琴师是如此记录的：

路德维希·凡·贝多芬，年13岁，生于蓬城，服务期两年，他在乐队指挥缺席时他代替了这职司，很有才干，也是最年轻的指挥，他有着美好幽静的举止，虽然他很穷。

贝多芬在风琴或钢琴独奏中很少有过失误，他发觉自己的能力远超过于现在所担任的工作，他不能再"委曲"自己的才能，他拯救自己才能的办法是修改原来的曲谱。

涅伏告诉人们："在这一年的圣诞节礼拜中，这敢为的小孩所贡献的不是弗迪南·海勒的'以里米亚的悲哀'，取而代之的却是从他幼小的手指中流露出来绝美的旋律，他弹得太精确和润滑了。"

事后海勒因为这件事专门去见皇帝，抗议贝多芬对自己作品进行了修改。后来替贝多芬所写的传记中如此说："皇帝很宽大地斥责了贝多芬，不准他以后再玩这类小技巧了。"

贝多芬的创作天才此时已显露出来，他的同伴都很同意他这样做。后来，英国驻宫廷公使格里山纳去世后，贝多芬为他作了一首葬礼诗歌，因为他是贝多芬家里的良友，宫廷乐队指挥露其雪简直被它所迷惑了。

对这部作品的"第一次演出"，大提琴家茂勒评价说："对于他创作的新奇性，所有人都表示极大的惊异，经过了数次的演奏以后，他的声誉一次比一次好，最后获得了广大听众的喝彩。"

勇敢生活

痛苦能够毁灭人，受苦的人也能把痛苦毁灭。创造就需苦难，苦难是上帝的礼物。卓越的人一大优点是在不利与艰难的遭遇里百折不挠。

——贝多芬

当上了家庭教师

临近复活节的一天,贝多芬在礼拜堂弹完风琴,正要走出来的时候,被一个青年给叫住了。

那个青年,很斯文,头戴一顶大学的制帽。

"你好,贝多芬先生。"那青年很亲热地向贝多芬打招呼说,"抱歉,很冒昧地打扰你,有件事想同你商量,我是波昂大学的学生,名字叫佛朗士·格哈德·威多拉。"

"是什么事情呢?威多拉先生。"

"有一户人家,想请你去做钢琴家庭教师。不知道您可不可以答应?"威多拉对着这个比他还小5岁的小伙子说完话,还深深地鞠了一个躬。

贝多芬因为家境艰难,小学没有毕业便中途退学,专门学习弹琴。所以,他非常羡慕那些能上大学的骄子。现在居然有一个大学里读书的青年,这样礼貌地拜访他,他心里自然骄傲不已。

"好,我随时可以去教钢琴。"

"谢谢。能得到您的允许,实在非常感谢,请你去教钢琴的那家,姓拜赖宁,也就是已经辞世的顾问官的家。请问你什么时候能去呢?"

"后天去吧!"小贝多芬想了一下说。

"那后天1点钟的时候,我到府上来接你,好吧?"威多拉用探问的口气问。

"好吧,那到时候再见。"

"从现在起,我们交个朋友吧!"

"我很高兴,威多拉兄。"

由于贝多芬有了固定而丰厚的收入，使得这个破败、冷清的家庭又恢复了生气。每当夜晚来临之时，欢笑声、优美的琴声和优雅的歌声又能飞出小阁楼，给左邻右舍带来欢乐。

父亲约翰也一反平日里颓丧的迷糊状，在酒馆里逢人就滔滔不绝地吹嘘一番，说他的儿子如何有出息，能挣150金币。儿子能取得如此成功，那都是出自他的谆谆教诲，所谓"虎父无犬子"嘛。

感恩节的前一天，贝多芬第一次领了自己的年薪150金币。在排练完奇马罗萨的歌剧《伯爵的诡秘》之后，这位神采飞扬的少年带着自己的收入急奔回家。

"妈妈，我回来了。"贝多芬人还没有进屋，声音早已先到了。

望着桌上的这些闪闪发光的金币，贝多芬一家兴奋不已。病中的玛戈琳纳从床上挣扎起来，望着心爱的儿子，禁不住放声大哭起来。也许她自己也不清楚是喜还是悲。

在感恩节这天，贝多芬一家团坐在一起，欢度一个最快乐的感恩节日。感恩之夜越来越深了，小阁楼上的欢乐气氛却越来越浓。望着从来没这样开心过的父母，贝多芬第一次感到了他的未来，他家的未来一定会更好。

过完感恩节的第二天，威多拉按照约定的时间，接贝多芬去担任家庭教师。拜赖宁家拥有一座很漂亮的住宅。

贝多芬自从担任了宫廷的风琴手以来，因为经常在宫廷里进进出出，所以身上穿的，已经不是他祖父的旧衣服了。他上身穿一件蓝色的上衣，下面是绿色的裤子，脚上穿一双打着黑色蝴蝶结的皮鞋，外面披一件锦绣的披肩。头发梳得很整齐。一顶漂亮的帽子，夹在左胳肢窝下。

这一天，贝多芬就穿着这套漂亮服装，和威多拉一起从家里出来，来到了拜赖宁家。拜赖宁全家人都到会客室里来欢迎贝多芬这个少年音乐家。

这一家的女主人名叫希莱奈·冯·拜赖宁,是个贤淑、聪慧和机敏的少妇,她的人品为人们异口同声地赞赏。1777年,当她27岁时不幸失去了她的丈夫。她的丈夫是宫廷顾问,在一次宫廷失火中丢掉了生命,从此留下了4个年幼的孤儿和冯·拜赖宁女士。

从此,拜赖宁女士将精力完全集中在培养子女们的成长上,为此,她从来不会感到孤独。

拜赖宁女士有3个儿子:大儿子克利斯托夫、第二个儿子斯德旺、幼子劳伦滋,都很活泼可爱,而且很有教养。此外,大女儿爱兰诺拉·白莉奇蒂,是这个家庭里唯一的小姐,性情温婉,很像母亲。不但容貌可人,而且性情随和,是一个沉默而纯洁的少女。

坐在高背靠椅上的拜赖宁夫人酷爱音乐,曾经在剧院里听乐队演奏过贝多芬的四重奏。她觉得贝多芬的曲子听起来令人难忘,风格清新,旋律流畅、优美,只是偶尔也流露出许多忧郁和悲伤。但是精通音乐的夫人听得出来,这一定是位具有崇高的纯洁心灵的人。

夫人正想着,只见贝多芬走到她的面前,深深地鞠了一躬。她立刻打断了自己的思路,欠起身子还了一礼。

"啊,孩子,你就是贝多芬吧?"她问道。

"是的,太太,我就是。"贝多芬有些尴尬,苍白瘦削的脸上泛起了两片红晕。

"欢迎你来这里,我想,爱兰诺拉会喜欢你的,她是我的女儿,她一直想拜一位真正天才的音乐家为师。如果你

能够把演奏技艺和作曲知识传授给她,那么你所给予她和我们这个家庭的,就远比金钱更为可贵。我们一家会永远感谢你、记住你的。"

拜赖宁夫人充满诚意的一番话,使贝多芬既感到温暖又觉得亲切动人。他站起身来,对夫人说:"我一定会全力以赴的,夫人,您就放心好了!"

"好的,现在,就让爱兰诺拉来见见这位新老师吧!"说着,夫人高兴地站起身,推开了通往侧室的房门。

"爱兰诺拉,快出来见见你的老师。"话音刚落,只见一张美丽的小脸展现在贝多芬的眼帘中。而此时的爱兰诺拉见到了贝多芬也不禁吃了一惊。她那双秀美的明眸首先看到的是老师那蓝如湖水的眼睛。这眼睛里不仅溢满了机敏和智慧,而且燃烧着一股奇异的野性和威力。

难以抵挡主人公的盛情邀请,贝多芬被爱兰诺拉请进了餐厅。面对着这洁白考究的桌布、精制的餐具,看着那些叫不出名字的美味佳肴,贝多芬想起了自家吃饭的情景,两个弟弟吵闹着爬到桌子上面,急着抢夺盘子里不多的几块面包。

看到贝多芬坐在那里发愣、很拘谨的样子。善解人意的爱兰诺拉热情地为他叉菜,还为他挨个介绍菜名及烹制方法。

用完餐后,贝多芬和爱兰诺拉来到客厅。

贝多芬要爱兰诺拉弹一支曲子,爱兰诺拉落落大方地弹了一支曲子,而且还自我感觉弹得很不错。

可出乎意料的是,贝多芬只是冷冷地摇了摇头说:"小姐,依我看,你连最基本的东西都没有掌握,我们必须从头开始。"

"什么?"爱兰诺拉几乎不相信自己的耳朵。

"是的,"贝多芬直言不讳地回答道,"不过,你不要灰心,只要肯努力,肯定能行。"

贝多芬开始教爱兰诺拉练习指法。

教完以后，应爱兰诺拉一家人的邀请，贝多芬开始为他们演奏巴赫的一首曲子。贝多芬弹得十分投入，在跳跃的指尖下，琴键发出了和谐美妙的声响。

爱兰诺拉和在场的人们都在不知不觉中，被这琴声带入了一个美妙的世界，在一片郁郁葱葱的森林中，到处流淌着浓郁的花香。玫瑰正在悄然绽放，马蹄莲正在含苞垂露。鸟儿在林中飞来飞去，唱着优美动听的歌曲。远处，羊儿在低头吃草。一切都是那么和谐生动！

弹奏结束后，贝多芬向主人们告辞。爱兰诺拉牵着老师的手，一直把老师送到了大门外。分别时，她一再请求老师明天要早些来。

时光飞逝，转眼之间，贝多芬在拜赖宁夫人家里当家庭教师已经有一个多月了。贝多芬除了教比他小两岁的爱兰诺拉弹钢琴，还教拜赖宁夫人的小儿子音乐。

这位17岁的老师非常任性，脾气又不好，跟他的男学生时常为点小事吵架。总是他的女学生出来袒护他，说弟弟不对。吵了，好了，谁都不介意，像一家人一样。

尤其是他同爱兰诺拉之间似乎有点相当温柔的情感。他没有姐姐、妹妹，就把爱兰诺拉当成妹妹，往往友谊中有了爱情的因素，也是常有的事。

就这样，贝多芬与拜赖宁一家的成员结成了要好的伙伴，也可以说他现在成了家庭里的一员了。特别是爱兰诺拉小姐，她既把贝多芬当作老师，又把他看成是自己最亲密的好朋友，因为贝多芬仅仅比她大两岁。

自从贝多芬应聘来到这儿以后，每天都按时来到琴房。一坐到琴旁，就立即给爱兰诺拉上课。他讲课一丝不苟，对待小姐的错误认真提出自己的批评意见，决不因为与小姐亲如一家人而有任何客气的态度。当然，该表扬的时候也要表扬，贝多芬的态度极其真诚。

在贝多芬和爱兰诺拉的共同努力之下，才一个多月的时间，爱兰诺拉就能够自如地弹奏巴赫、莫扎特的曲子了。她以惊人的速度，在贝多芬引导的音乐之路上，一步步向上攀登着。

尽管贝多芬是音乐天才，可是，在其他艺术方面，却可以说没有丝毫素养。只是在与拜赖宁夫人谈天说地的闲聊中，他才开始注意起文学这种东西来。

"钢琴和小提琴这两种乐器，你喜欢哪一样？"拜赖宁夫人问贝多芬。

"钢琴。"

拜赖宁夫人向贝多芬建议道："你可以用歌德新诗来谱曲。"

德国的诗圣歌德，从此成为了贝多芬努力的目标。但是，他做梦也没有想到，他竟会有和歌德当面交谈的机会。

春末夏初的波恩，简直美极了。可是，就在这美好的、生机勃勃的时节，贝多芬的家中却弥漫着一种暗淡忧伤的气息。

尽管贝多芬把每月赚到的薪水都如数交给母亲，可是仍不够用。母亲的病，经过一再治疗，仍不见好转。

父亲的酒瘾越来越大，每天晚上通宵达旦地泡在酒吧里。他不好意思向儿子张口拿钱换酒喝，却开始变卖家里的东西。直到无法再找到东西变卖时，失去了理智的父亲竟把那架心爱的钢琴也换作了买酒钱。

当贝多芬发现钢琴已经不见了的时候，他抱着母亲痛哭不已。

当他遭受这种打击的时候，拜赖宁夫人和爱兰诺拉给了他无限的温情和力量。

除了拜赖宁一家之外，贝多芬还与介绍他来的那位医学院的学生威多拉结成了友谊，此人心地善良，珍视友情。后来威多拉同爱兰诺拉结婚。他们夫妇同贝多芬的友谊持续了一生。

维也纳拜见大师

正是在贝多芬面临着严峻生活考验的时候,他最尊敬的涅伏先生又出现在他的面前。涅伏先生不遗余力地帮助贝多芬。他获知这个青年为金钱问题所困扰,马上从自己的账上给他划去津贴。

除了这种无私的慷慨资助之外,涅伏先生还不放过任何机会夸奖贝多芬早熟的才华。

这时贝多芬17岁了,已经成长为一个健壮的青年,他粗矮健壮,一头浓密的黑发,宽广的前额,一双细小深陷的眼睛,扁而且平的鼻子,使人联想起一头雄狮的造型。他成熟了,在波恩已经有了名气。

涅伏老师对他说:"你的才能已经超过了我,我不能再继续教你啦!我想你应该到维也纳去拜莫扎特为师,经他指点,你的才能可以得到充分发挥。"

莫扎特早已是贝多芬心目中的英雄。他听涅伏老师让他去找莫扎特,真是高兴万分。他回去同几个朋友商量,大家一致支持他去维也纳。出国留学的前景激励着贝多芬攀上音乐的最高峰,他决心要到维也纳!到那个音乐人的首都!

可是真要准备去维也纳,贝多芬发现这并不是一件容易的事情,因为他自己现在没有任何积蓄,而且一家人还都等着他的那点薪水呢!

还好这时贝多芬的老师涅伏又出来帮忙了,他以自己的身份找到了选帝侯并对他说,如果把17岁的音乐神童送到维也纳,在多名大师指导下进修深造,那么王爷的唱诗班将会得到全部好处。选帝侯王爷被他说动了,答应考虑考虑。

经过了一段时间的考虑，终于传来了正式消息：王爷准许贝多芬秋季前往奥地利京城求学，并负担他的旅费。小伙子高兴得坐不住了，跑去把这个喜讯告诉他的恩人。

拜赖宁太太祝贺道："这下子，你付出的辛劳，你花费的功夫都得到补偿了。"

"多亏我的恩师涅伏先生支持，他光是推荐信就给我写了一大堆。他向我保证，说我一定可以见到莫扎特。啊，莫扎特，伟大的莫扎特，那是多么让人神往的事情啊！"

这以后，贝多芬就只想着动身的事了。虽然母亲的身体每况愈下，但是没有任何事情能够拖住他。秋季很快到了，贝多芬一头钻进了驿车，向着梦中的地方飞去。

18世纪末，维也纳是由一系列蔓延在多瑙河畔上的行政区、乡村和郊区组成的，这些地带群集在有城墙和有城门的城堡四周，它处在东西方文化的交汇点之上，被人视为世界上最美的城市之一。各种文化各流派的影响在这里交汇，有利于艺术的发展。

音乐在这里占据了最重要的地位，就连普通百姓也乐于参加节庆欢乐活动和大众音乐会，而有钱人家则以包下一支完整的乐队，至少也以雇几个乐师为荣。当圣艾蒂安纳大教堂的高塔出现在遥远的天际时，贝多芬觉得自己的心狂跳起来。

这座美丽的音乐之都，现在完全呈现在贝多芬的眼前，雄伟的宫殿，绿树掩映着教堂的尖顶，音乐厅、剧院不断传出管弦之声，空气中都流淌着音乐的旋律。贝多芬一踏进这座城市，就被它强烈地吸引住了。他感到亲切，感到新鲜。

这么多美好东西，贝多芬的两眼都看不过来。他找到一家便宜的旅店住下，并且听从拜赖宁太太的忠告，买了一些衣服，以充实衣柜，然后动身去拜访莫扎特。

他没有听从旅店老板雇一辆马车的劝告，问清了莫扎特住所的地址之后，迈开两条腿便朝着维也纳近郊走去。

这个波恩的小伙子，几经询问终于找到了施特凡大教堂附近舒勒街上莫扎特的住宅。贝多芬几次让自己平静下来，不要过分激动，但是一种要见名人的紧张情绪，还是使他有点胆怯。

中午时分，仆人把贝多芬领进了莫扎特的客厅。就在贝多芬默默地坐到莫扎特客厅角落里的沙发时，他心跳得非常厉害，马上就要见到心目中的伟大音乐家，不知道他到底是一个什么样的人物，为何拥有如此伟大的音乐天才。

片刻，隔壁传来了脚步声，紧接着门开了，一位身材矮小，其貌不扬的中年人出现在客厅里。

"客人在哪儿？"来的这个中年人大声问。

贝多芬连忙起身走到他的面前说："我在这儿！我是路德维希·凡·贝多芬，是从波恩来的。"贝多芬一面回答，一面递上了选帝侯的那封推荐信。

中年人看罢信，他朝贝多芬点了点头说："我就是莫扎特，这么说，你是到我这里来深造的？"

贝多芬这才知道，面前这个其貌不扬的人，就是自己日思夜想要见到的伟大音乐家莫扎特。他到底是站到莫扎特面前了，在豪华而又充满艺术气氛的大厅里，莫扎特微笑着站在自己面前，贝多芬平静下来了，心想这名人也不难见啊！

"是的，先生，我倾慕您已经很久了。我从波恩来，是专门来向您求教的。"贝多芬非常恭敬地说。

莫扎特的微笑消失了，冷冷地说："哪些老师教过你？学过哪种乐器？"

贝多芬谦恭地一一答复，心中有点不安。

两个人聊了几句话之后，莫扎特指了指一旁的钢琴，对贝多芬说："来吧，随便弹一首曲子让我听一听，好吗？"

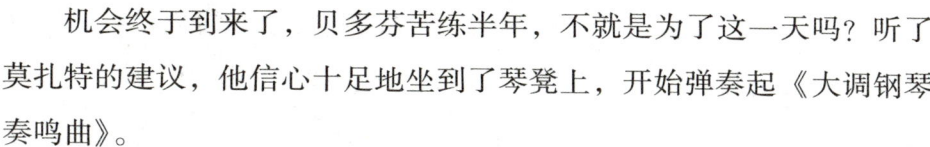

机会终于到来了,贝多芬苦练半年,不就是为了这一天吗?听了莫扎特的建议,他信心十足地坐到了琴凳上,开始弹奏起《大调钢琴奏鸣曲》。

不曾想,刚刚弹了10多个小节,就被莫扎特摆手打断了。"小伙子,弹一首即兴曲吧!"莫扎特大声说。

即兴曲是贝多芬最拿手的,当他弹完即兴曲的时候,热情就会自然而然地奔放出来。所以,他所作的即兴曲已经到了出神入化的地步,使每一个听到的人都非常感动。

一曲奏完,贝多芬不安地垂下双手,一面观察莫扎特的脸色,一面等待着这位大师的评价。莫扎特睁开双眼,打了个长长的哈欠,他从扶手椅上欠起身子,皱了皱眉头。

"小伙子,听得出来,你的演奏很熟练,节奏也把握得不错。但是,你的琴声太咄咄逼人了,里面缺少柔和的美感,更缺乏一种能够打动人心的魅力。作为一位钢琴演奏家,我们无论演奏谁的作品,光凭着一股坚强的信心和热烈的激情是远远不够的,我们还必须做到使这曲子悠扬动听,富于感情,这必须依靠头脑里的灵感。"

贝多芬认真地听着大师的这番话,感到茅塞顿开、获益匪浅。

莫扎特发完一通议论后,突然善意地拍了拍贝多芬的肩膀问道:"小伙子,我看今天就到这里吧,你什么时候回波恩,请代我向选帝侯大人问好。"

听了大师的话后,贝多芬真是觉得五雷轰顶。为了促成这次会见,涅伏先生跑了多少腿,费了多少口舌,难道这一切就是为了得到这样一个结局吗?贝多芬十分不甘心。

"那,先生,我可以再见您一次吗?我想,光凭一支曲子说明不了什么。"贝多芬恳求地说。

莫扎特想了想,也觉得这样轻易地放走远道而来的小伙子似乎有些不妥,于是又说:"这样吧,明天下午3点钟,你再来一次吧!"

第二天还不到中午，贝多芬就来到了莫扎特住宅附近。终于，他熬到了3点。此时的贝多芬早已把个人的成败置于脑后了。

"先生，您能不能给我一个主题，让我试一试，也许这次会弹得比前一天要好一些。"

莫扎特思索了一会儿，给他出了一个难度很大的主题。贝多芬走到客厅一角，坐到钢琴前面，轻松自如地弹奏起来。开始时莫扎特还同其他客人谈话，慢慢地被贝多芬创作的乐曲震惊了，他的脸上重新显现了微笑，大厅内鸦雀无声，贝多芬获得了成功。

这时，莫扎特又把10个指头按在琴键上说："好吧，弹得不错，小伙子，现在再考一考你的听力和记忆！我现在就弹一段旋律，然后你再给我弹一遍，好吗？"

"好的，先生。"贝多芬信心十足地回答道。

莫扎特那一双灵活的手，开始在琴键上跳起舞来，贝多芬站在琴旁全身心投入地听着。

莫扎特演奏完了，从琴凳上站起身来，拍了拍贝多芬的肩膀说："小伙子，现在该轮到你了！"

贝多芬坐到了琴凳上。刚开始，他紧张得心里好像有几个吊桶一般七上八下的。可是当他的手一触到琴键上，就把紧张抛到九霄云外了。

一曲终了，贝多芬一动也不动地坐在那儿。而莫扎特则非常欣喜，大声地说："棒极了，小伙子，我决定收你为弟子了。"

"谢谢您，莫扎特先生。"贝多芬心满意足，因为大音乐家莫扎特肯定了他的天分。

莫扎特指着贝多芬对客人们说："诸位，请注意这位年轻人，不久他会扬名于音乐界。"

就这样，贝多芬成了莫扎特的学生。

挑起家庭重担

贝多芬以自己的天赋和学识受到莫扎特这位享誉欧洲的音乐大师的器重,他庆幸自己终于有了一个在艺术上得以深造的好机会。

夜色之中的音乐之城,早已沉沉入梦。回到小旅店,已经是午夜时分了。贝多芬没有丝毫睡意,他点燃油灯,展开信纸,把这令人振奋的消息尽快地告诉了爱兰诺拉。

为了能在维也纳继续深造,更好地跟莫扎特学习下去,贝多芬在求学的间隙,便去一位贵族家中担任专门为舞会伴奏的乐师。由于贝多芬出色的演奏技巧,很快就成了这家人的座上客,并获得了一份使他生活下去的报酬。

一天下午,贝多芬像往常一样,如约来到了恩师家里求教。一走进琴房,他就看见大师手拿鹅毛笔,聚精会神地谱曲。贝多芬不忍心打搅他,坐在沙发上静静地等待。

一个小时过去了,当莫扎特抬起头来时,发现了贝多芬:"亲爱的小伙子,你什么时候到的?"

"先生,来了有些时候了。"贝多芬连忙站起身来回答。

"你来得正是时候!"莫扎特微笑着走到学生的面前。"怎么样,你试着把这段咏叹调给我补全吧!"说着,递给他写了一半的谱纸。

"先生,我……"贝多芬有些不敢相信自己的耳朵了,"我怎么能行呢?"

"小伙子,老师相信你,动笔吧,你会成功的。"莫扎特微笑着鼓励他。

然后,莫扎特将自己对这段咏叹调的设想,讲给贝多芬听。贝多芬沉吟了一会儿，然后拿起笔，流畅地把曲子谱写了出来。

莫扎特哼唱完贝多芬谱的曲子之后，高兴得眼睛眯成了一条缝儿："太棒了！简直可以说是天衣无缝了。你生动地再现了故事情节。"

贝多芬天才的作曲才能，得到了莫扎特的嘉奖。从这一天起，他便常常与大师合作谱写乐曲，成了大师身边的一个得力助手。

转眼间，绚丽的夏天又降临到人间，把它的金色和粉色掺杂在鲜明碧透的绿色之中，仿佛是万花筒撒在人间。

在这动人的夏季中，幸运之神又一次悄然地降临到了贝多芬身上。由于莫扎特病情刚刚有所好转，而又无法推辞盛情之约，他下决心由贝多芬来代替自己。

贝多芬一点儿也没有辜负老师的信任，以自己技惊四座的艺术魅力征服了在场所有的观众。从此，贝多芬在这座艺术之都赢得了一席之地。

与此同时，各个音乐晚会的邀请也纷至沓来。在鲜花、名誉和掌声面前，贝多芬清醒地告诉自己：如果沉溺于这些无休止的应酬之中，自己的艺术旅程就会中途衰亡，提早结束。

维也纳的音乐气氛和莫扎特的赞誉，使贝多芬心情舒畅，对人生对前途满怀着希望和光明。只是美好的时光太短暂了，父亲的一封来信又把他推向了痛苦的深渊。

一天，一阵急促的敲门声响过之后，仆人递过来一封信。他迫不及待地拆开了父亲的来信。

老约翰在信中写道：

亲爱的孩子：

你好吗？现在，我必须告诉你的是，在你离家不几天，你可怜的母亲就一病不起了。谁也没有料到她这次病得这么久，这么严重。今天，医生告诉我，她留在世上的日子已经不多了。我和你的弟弟妹妹们正盼望你尽快回来，赶上见她最后一面。

另外，还有一件难以启齿的事，我觉得你也有必要知道，那就是家里现在已经揭不开锅了，我把家中仅有的几样东西都典当掉了。我这也是没有办法……

你离开家这么久了，一封信也不给家里写，是不是打算永远都不管家里了？作为你的父亲，我必须对你说：不要把艺术作为名利的台阶，而忘记自己还有亲人。

你好好想一想吧！

你的父亲

贝多芬望着父亲潦草的字迹，泪水打湿了信纸。想着母亲送他来维也纳的情景：平时很少有笑容的母亲，那天忍着病痛微笑着送他上路。慈祥伟大的母亲啊！这是你让孩子以事业为重，免得牵挂你而强装出的笑脸啊！

读罢父亲的家书，贝多芬的心简直都要碎了。母亲，这个世界上他最亲的人，最爱的人，生命已经快要走到了尽头，而他的父亲，竟然误解了他。在这座繁华的都市里，他省吃俭用，节省下自己挣下的每一文钱，一共有200杜卡，正准备寄给家里。

万分难过的贝多芬下定决心，第二天就回波恩，回到母亲身边去。本来贝多芬准备去奥格斯堡，他没有路费去更远的地方，现在他只好被迫向当地认识的一个朋友借了一些钱。

贝多芬收拾一下简单的行装，匆匆告别了莫扎特，第二天天还未亮，贝多芬就踏上了回家的路。他归心似箭，日夜兼程地赶路，恨不得马上回到母亲的身边。

来维也纳时美丽的憧憬，早破碎得无影无踪了，此时，他心里只有母亲。他心中不时地默默祈求着神灵保佑母亲好起来吧！她辛苦劳碌了大半生，还没享受到一天的好时光啊！

当贝多芬乘坐的驿车驶进波恩城的时候，太阳已经没入树林后面，给柏树的树梢涂上了一片金色。随着光线一条一条地消失，万物也失去了自己的形状，所有的景物最后都融入一片漆黑之中。

波恩巷20号的小阁楼也是一片漆黑。临近家门，他止住了脚步，他倒害怕起来，但愿母亲还活着啊！他的母亲还活着，她躺在病床上，正在盼望她的远方的游子。

约翰又出去喝酒了，弟弟卡尔和约翰东倒西歪地躺在床上，贝多芬扑到母亲的床前，只见他至爱的母亲面色苍白，极软弱地躺在床上不能动弹了。年龄刚1岁的女孩玛格丽斯在小床上细声地啼哭着，这小孩看起来也跟母亲病得一样严重，屋中是这般的肮脏而无人照顾，家中一点现金也没有。

贝多芬离开家去维也纳后，他的母亲一直过着忧虑的生活，而营养不足和过度的生育终于伤害了她的生命。女孩爱纳·玛丽亚生于1779年，只活了4天，男孩法朗兹·高格生于1781年，活了两年半，这新生的婴孩已是第七个了，也是他们第四个死去的孩子。

"妈妈、妈妈，你睁开眼看一看我！"贝多芬一下子冲到母亲床前，痛哭流涕地跪在母亲面前哭喊着说，"是我啊，儿子回来了，您还好吧！"

玛戈琳纳无力地睁开自己的双眼，看见自己日思夜想的儿子忽然出现在自己面前，还以为自己看花了眼。等确定了确实是贝多芬回来了后，她不禁哭了出来。

"路德维希，我的好儿子，我天天惦念着你呢！"玛戈琳纳紧紧地抱着自己的儿子哽咽着说。

妈妈见到贝多芬，就像吃了灵丹妙药一样，脸上顿时有了光彩。她仔细打量着长途跋涉赶回来的儿子，吃力地说："我怕是不行了。

可你今后怎么办,这个家将拖累你。"

虽然才分别5个多月,可是,母亲已经消瘦得只剩下皮包骨了。自从送贝多芬到维也纳之后,生活的艰辛,精神的寂寞,使得她原有的肺病恶化,她已经等不及贝多芬接她到维也纳共享天伦之乐了。

看到母亲现在这个样子,贝多芬的心里感到比针扎还难受。他这样努力学习钢琴,其中一个很大的原因就是想让自己的母亲跟自己过上幸福的生活,可是自己现在还没有取得什么成就,母亲已经病成这样了。他决心从今以后要好好照顾自己的母亲,不能再让她受苦。贝多芬紧紧地抱着自己的母亲想。

可是,现实总是这样残酷,子欲养而亲不待,那是最让人痛苦的。现在的贝多芬就是这样,虽然他已经竭尽了全部心力来服侍母亲,可是,仍然没有将母亲挽留在人世。

"路德维希,你一定要成为一个伟大的音乐家呀!"离世前的玛戈琳纳一遍又一遍地这样叮嘱她的儿子。

1787年7月17日,肺病使贝多芬的母亲咽下了最后一口气,同年11月25日,最小的孩子也跟着去世了。

母亲是一个家庭的轴心,失去了她,这个家就失去了凝聚力。母亲给贝多芬留下的是:一个酗酒的父亲,一个13岁、另一个10岁的两个弟弟,其他的就是债务了。

贝多芬立刻觉得掉入了一个漆黑的世界里,所有曾经拥有的希望和幸福都离他远去了,贝多芬整日眉头紧锁,唉声叹气,连他最喜欢的音乐也无法吸引住他,因为他失去了世界上那个最疼爱他的人,那个唯一了解他、体恤他的亲人。

贝多芬母亲的去世,使这一家的命运,再次陷入了风雨飘摇之中。

父亲痛失自己的妻子,这更让他沉溺于酒精之中而无法自拔。两个弟弟,当然谈不上有任何生活的能力。

现在，负担家庭的重任就完全落到了贝多芬还显稚嫩的肩头。尽管如此，年轻的贝多芬勇敢而认真地尽到了家长、抚养者、教师和乐师的职责，这是多么令人钦佩呀！

家庭的困苦是可以克服的，也是会慢慢过去的，然而，身处当时世界上最重要的音乐中心，贝多芬没有机会去听音乐，去和音乐家们聚会，更不能使自己取得成功。

莫扎特所教给他的不过是一些未完成的工程，这并不能使他有所作为。他在给奥格斯堡忠实朋友许登的信中谈了回到波恩后的所见所闻，信中显然透露出年轻时代贝多芬的种种忠厚特征：

她对我是如此仁慈可爱，我现在真是无比的痛苦。假使我能再叫她一声甜蜜的妈妈，那该多好啊！可是她已经不能够听到，现在我能向谁诉说呢？只有幽静的幻象才能使我引起往事的记忆。

因为母亲的去世，贝多芬的父亲受到了重大打击。现在更是每天都向酒馆里跑，他在宫廷中已没有什么用处，在家里也只不过是加重了家庭毁灭的程度。

贝多芬的学生斯蒂芬·冯·拜赖宁很清楚地记得贝多芬如何营救因酗酒而被捉到警察署里去的父亲。约翰自妻子死后，更加狂饮无度，嗓子也喝坏了。有时竟醉卧街头，给贝多芬带来许多麻烦。

有人给贝多芬出主意说："你父亲这个样子根本承担不了治家之责。你还是动员他退休，把养老金交你管起来，不然全被他喝光了，日子可怎么过！"

贝多芬只好到教会给父亲办了手续，养老金由他来领取，只交给父亲一半。1789 年 11 月 20 日，根据皇家某项条例，除了他应得的以外，有关当局付给他父亲一半的薪金，计 100 金币，但他父亲的职司也被辞掉了，由贝多芬来养活他。

19岁的贝多芬当了一家之主，毅然代替父亲挑起了家庭的重担。他在魏日尔加萨找到一所租费比较低廉的房屋，将他的父亲及两个弟弟搬到那边，雇用了一个人来照顾他们。

现在的贝多芬要照顾父亲，还要管教两个不懂事的弟弟，更重要的是去挣钱来养活一家。他每天同母亲一样，从早忙到晚，精打细算，苦力支撑着这个家。

这一切，对于贝多芬是过于残酷了。他还是一个孩子啊！他没有向命运低头，也没有放弃音乐。他找机会参加演奏会，努力创作乐曲，扩大他的名声。

除家务操劳之外，他也给有钱人家的孩子上音乐课，为家里增加一点收入。也许是逆境成才这一道理适合于古今中外，贝多芬成为伟大的音乐家，也是从小历经磨难的。

战胜生活苦痛

就在贝多芬万分沮丧之际，拜赖宁一家给了他莫大的鼓励。贝多芬的家庭与拜赖宁女士关系密切，所以贝多芬经常到拜赖宁家。

母亲的死，给贝多芬的打击是沉重的，他失去了感情的依托，平日的表情更加冷峻深沉，常常对着天花板出神，精神恍惚。

每当提起母亲，他就流着眼泪向人讲述他的思母之情："她对我那么仁慈，那么值得我爱戴，她是我最好的朋友！哦！当我能叫出母亲这甜蜜的称呼而她能听见的时候，谁又比我更幸福？"

贝多芬渴望母爱，渴望家庭的温暖。失去母爱和家庭的温暖后，拜赖宁夫人像母亲一样照顾他。正是友爱的支持，抚慰了那颗充满沧桑的心灵，精神也逐渐振奋起来。在这样的情况下，贝多芬更加热心地教爱兰诺拉钢琴。

拜赖宁夫人优雅、慈祥，具有丰富的学识与同情心。她知道贝多芬的家境，就像慈母那样关心贝多芬，待他和自己的孩子一样。这无疑给生活在忧郁穷困中的贝多芬带来不少安慰，让他疲惫不堪的身心，找到一个平静的港湾。

贝多芬也只有在拜赖宁家里，能暂时忘掉忧愁。他除了音乐之外，其他方面没有受过系统的教育。拜赖宁夫人鼓励他读书，培养他对美术的兴趣，常常同他一起探讨有关文学、美学方面的知识，这对贝多芬以后的事业大有益处。

拜赖宁夫人的4个孩子比贝多芬年幼，贝多芬尽力保护他们，就像对待自己年幼的弟妹一样，使他们与丑恶的现实生活完全隔绝，使他们能潜心学习音乐，写作诗歌。

拜赖宁夫人的哥哥，阿柏拉汉·冯·开立许是波恩一个牧师，常常请他到自己家中去，她也介绍了自己丈夫的兄弟洛兰士，也是一个牧师，彼此住在一起，他们两人都有极高的道德修养。

贝多芬极高兴与他们相处在一起，立刻成为他们家庭中一员。他常常在日间和晚上与他们在一起谈笑，他在这里觉得自由了，摆脱了一切束缚，每一件事情都使他感到愉快，并且松弛了他的脑筋。

洛兰士牧师以最浅近的句子来读荷马和柏露太许的诗给年幼的孩子听，贝多芬也交叉着手静静地听着，想从这两个人身上学到些什么东西。贝多芬对文学的认识加深了一层，他创作了各种的短歌剧，贝多芬14岁时方能用德文讲读莎士比亚等人的剧本。

拜赖宁女士爱护贝多芬如同爱自己的子女一般，使他在她的家里感到极度的自由和快乐，受了她的感化和影响，她比他的母亲小4岁，但她能够注意自己的健康，所以外表上看起来仍保持着她的青春。

贝多芬所需要的，拜赖宁夫人总是尽可能地供给他，要从一个情形恶劣、生活艰苦的环境中突然转入气氛融合的家庭中，也不是一件容易的事啊！没有无理的谩骂和不快的感觉，极度的对比对他简直是一个极大的刺激。

贝多芬表现出了最大的伤感和忧郁，他对每个人几乎都是这样的，甚至对他所最爱的人也不能例外。当贝多芬与冯·拜赖宁不通人事的幼孩在一起的时候，她曾以温和的手段来融合他们的情感，从而抚慰贝多芬受创的心灵。

但贝多芬常在同伴间做出粗鲁的动作，结果，只有使自己感到心碎。仁慈的夫人能够用言语来使他知道真理，她的谴责使他感到了愉悦。他也总是想办法尽量不让别人看到自己粗鲁的那一面。不过，在这样的情况下，特别是在音乐暂时离开了他的大脑的时候，他会一个人呆呆地发愣，变得沉默寡言。

每当出现这种情况，冯·拜赖宁夫人就会走到他的身边，一边耸耸肩膀，一边说："又犯老毛病了！"

冯·拜赖宁夫人的这个动作，这句话语，让贝多芬记了一辈子。他的大脑里经常会浮现出她的伟大而感人的身影，贝多芬甚至称她家庭中每一个人为保护天使。

拜赖宁家客厅中经常有来访的宾客，使贝多芬第一次与年轻的小姐们见了面，他立刻被她们的美丽所征服了。

美丽，也许是一种动力，他放弃了怕羞和无言的习惯，开始讲自己是如何爱好音乐或者诸如此类的事情，这种效果比以外貌取胜还要快些，威多拉描写贝多芬坠入爱河时的热度是如此的高："他热爱着迪宏拉丝和荷尔特小姐，这种爱从他的青年时代一直持续到成年时代。可是，虽然贝多芬对于爱是如此渴望，要想得到爱对于他来说简直是不可能的事情。"

那个迪宏拉丝小姐是爱兰诺拉的好朋友，她从科隆来此地，准备在冯·拜赖宁家里住一个星期。她极为美丽、活泼，肤色很柔和，受有良好教育并有可爱的外表，她非常喜爱音乐，有一副圆润的歌喉。

贝多芬常常和迪宏拉丝小姐在一起。在她回到科隆以前，她为贝多芬唱了一首悲哀的小曲，以表示他们分离的苦楚远远超过了她心中所能忍受的。后来她不得不离去的时候，带给了贝多芬深深的惆怅。然而，时过境迁，在长时间没有见面后，迪宏拉丝小姐的芳心又被科隆的一个军官赢去了。

玛丽亚·冯·魏斯脱·荷尔特小姐是贝多芬的学生，她是宫廷中一位退隐参事的掌上明珠，生有一头长而黑的鬈发，一直垂到了她的胸前。贝多芬对荷尔特的爱到了"疯狂"的地步，但在1790年，她嫁给了一个男爵，她可算是波恩最美丽而贤能的女孩了。

追求上进

我的箴言始终是:无日不动笔,如果我有时让艺术之神瞌睡,也只为要使它醒后更兴奋。

——贝多芬

结识音乐家海顿

与拜赖宁一家的交往，治愈了贝多芬的忧伤，使他逐渐忘记了失去母亲的痛苦。同时，在他的面前出现了一个新的希望和境界，1788年前后，波恩这座莱茵河畔的古城，迎来了社交和文化生活最后的繁盛时期。

在波恩时代，年轻的贝多芬并不缺少显贵的朋友，选帝侯对于他的天才也表示特别的爱慕，当宫廷钢琴师向大众宣传他的音乐会以后，立刻博得数度的喝彩声，带有奥地利血统的华尔特斯坦公爵与皇帝有非常亲密的关系，他极力推崇贝多芬。

华尔特斯坦伯爵心胸博大而有眼光，他看出了贝多芬卓越的才华和生活的困境，便想方设法帮助他。他经常在新选帝侯面前谈贝多芬的才华和不幸遭遇，使选帝侯对贝多芬也很器重。

1788年国民剧场落成后，贝多芬被聘为乐团的中提琴手，再加上宫廷琴师的收入，生活稍有改善。华尔特斯坦知道贝多芬性格高傲，不肯接受他的赠送，就假托教会的名义送贝多芬一架钢琴和许多钱。贝多芬为了答谢这位伯爵的友情，写了一首很有气魄的奏鸣曲献给他，这就是著名的《华尔特斯坦奏鸣曲》。

与此同时，选帝侯马克西米利安·弗兰茨创立了波恩大学。

1789年5月14日，贝多芬在拜赖宁夫人及一些朋友的支持下，到波恩大学报名入学。按规定他是没有资格的，学历不够。在他强烈要求下，得到旁听资格。

这个在不满10岁就辍学，没有接受过正规教育的年轻人，终于如愿以偿地圆了自己的大学梦。此时欧洲大革命即将爆发，波恩大学成了新思想的集中地。贝多芬在那里听了两年逻辑学、形而上学、康德的哲学、希腊文学和伦理学等课程。对他影响最大的是讲法国文学的教授施奈德。

1789年7月14日，法国爆发了资产阶级大革命，巴黎的市民们勇敢地攻占了象征封建专制的巴士底狱。胜利的消息传到波恩，燃起了知识界如醉如狂的热情。

校园里出现了政治性的集会、讲演和激发革命情绪的诗歌朗诵。贝多芬热心地参加这些集会，他为法国革命所陶醉。施奈德教授在学生们的掌声中朗诵了《摧毁巴士底狱》诗。

第二年，施奈德印行了一部诗集，在《预订目录》里，我们看到的标题有《波恩》，还有《致宫廷乐师凡·贝多芬先生》。说明贝多芬同他交往密切，他们痛恨贵族、僧侣的专制制度，向往民主共和的原则，同情被压迫的劳苦大众。他们的心是相通的。

法国革命如火如荼，在民众的思想上引起了强烈振荡。贝多芬也不甘落后地表达了自己的观点。在22岁的年纪上，他就已经属于把这场暴动看成人民自由新纪元的人之一了。他是在贫困中长大的，经常受到贵族社会的轻蔑，不这样看，又该怎样看呢？他仇恨王公贵族，仇恨特权，热切希望推翻贵族，取消特权。

不过这种观点并不妨碍他继续去选帝侯王爷宫殿尽职，以及去这里授课。贝多芬晚上做家庭教师，白天还要学习。孤独、寂寞和无穷无尽的操劳压得他喘不过气来，但他不仅以顽强的毅力学完了波恩大学的课程，并且取得了优异的成绩。

这时，贝多芬的"野心"开始被人注视和承认，他立刻得到了一个比宫廷钢琴师更好的职位。他的"即兴天才"最使大众感到惊异，象征着一种新的力量产生，更重要的是他可以把音乐的思想完全表现在纸上。

这时的贝多芬虽还有家庭拖累，要负担家庭中3个人的生活费用，但他还是抽空走出家门，向音乐走去，向社交界走去。贝多芬在皇帝面前是幸福的，墨克雪密林·法朗兹迅速地将自己的宫廷变成了真正的艺术中心，有条理地将钱花在音乐上。

就在同一年，法朗兹设立了一个永久性的歌剧团，歌者都经过谨慎的挑选，演奏者也是如此。阵容经过重新组织以后，贝多芬的价值就显示出来。他俨然成为宫廷中的钢琴家或音乐家，而他的老师涅伏反而成了陪奏。

贝多芬在剧院和室内乐队里经常当着中提琴手，这里共有多位演奏者，他极能与他们共处在一起。其中如安特里阿斯和贝哈特各精于小提琴和低音提琴，两者又都是作曲家，安东·洛卡、约琴夫·洛卡的侄子当笛手，并且也是作曲家，年龄与贝多芬相近。

贝多芬为有这么多朋友而感到极度兴奋，他得到许多乐器上的知识。墨克雪密林当然极爱好莫扎特的歌剧，贝多芬此时只是中提琴手，从每一次演奏中，得到了许多在莫扎特亲自教授时所学不到的东西。

歌剧式的路线对贝多芬有许多用处，当写了两首歌谣曲以后，他又作了一首芭蕾舞曲《骑士舞曲》。这一首曲子是华尔特斯坦公爵托他秘密作成的。此时贝多芬也完成了一部分D调钢琴协奏曲和C调小提琴协奏曲，这些曲子现在都已遗失掉了，贝多芬显然对它表示不满意。

他整天忙着作一些小曲子，所以没有空闲去写大的作品，他自己写了一些钢琴作品，多是关于变奏曲、歌曲和室内乐方面的。

那时的谱还没有出版，当他在波恩的时候，经贝多芬的兄弟卡尔热心的帮助，后来的歌谱都一批批印了出来。

皇帝访问宫廷的时候是带了乐队一同去的，贝多芬也在其内，像别的乐师那样戴了假发，穿一件红色的制服，上面束着装饰用的带子。年轻的中提琴手有时换奏钢琴。

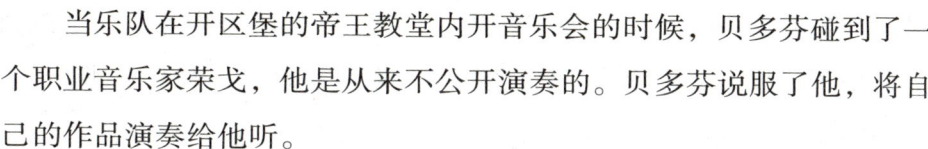

当乐队在开区堡的帝王教堂内开音乐会的时候,贝多芬碰到了一个职业音乐家荣戈,他是从来不公开演奏的。贝多芬说服了他,将自己的作品演奏给他听。

荣戈说:"贝多芬的演奏,严格地说起来比较清晰,有思想力,并且富于表情,欣赏者的耳朵都能证明这一点,他的为人直率和坦诚,一点也不虚伪。"

1791年11月,宫廷中的4个音乐家兰兹、朗堡、辛姆洛克和贝多芬到阿查芬堡去拜访有名望的钢琴家爱比·施宝加。

施宝加表演了自己特有的那种愉快明澈的曲子,当时贝多芬简直听呆了,因为他从来没有听过这种音乐,所以他平心静气地听着,过后就请求他们让他弹一会儿。

施宝加也听了贝多芬弹的变奏曲,这是他自己也熟悉的,而他认为是最难的作品。贝多芬弹了许多他所记忆的变奏曲,又加入了些新的内容和表现手法。音乐家们被他的演奏感动了,贝多芬却因为一直没有听到莫扎特的演奏而感到一些遗憾。

从17岁至21岁,贝多芬在波恩待了整整5年。这5年中,他受到了各界温和的影响,已改变了他怕羞的习惯,从而发展和充实着自己的才能。此后他不再是沉默寡言或知识不够的人,而成为一个出色的艺术家了。

这个小镇已培养出一种富有艺术气息的生活,许多家庭都盛行着音乐晚会、诗歌朗诵会、哲学讨论会。

贝多芬鼓起了勇气也参加了这类集会,他立刻认识了许多新的朋友。因为他有和蔼的态度,而且穿着非常整洁。贝多芬不久就发现自己被波恩的音乐家和艺术家所看重了。

一个钢琴家在兴致勃发的时候,会将陪奏者丢在一旁,以个人的特点而即兴作成一首极精致的旋律,当然是会受到大众的欢迎。

在波恩的这几年中,贝多芬还遇到了一生中最重要的一件事,那就是与当时著名的音乐家海顿结识。那是1790年的圣诞节，小城波恩迎来了一场大雪。满身是雪的涅伏先生突然敲开了贝多芬的房门，他带来了一个振奋人心的消息：弗兰兹·约瑟夫·海顿要到波恩来了。

"天哪，这真是天大的好消息呀！这是真的吗？"贝多芬高兴得简直要跳了起来，"我一定要想法子见到海顿。"

这次海顿要到伦敦进行演出和访问，路过波恩。于是，他受到了这里人们的热情欢迎和隆重接待。在丰盛的宴会结束后，选帝侯特意为他举行音乐会。

"海顿先生，我来给你介绍，这位就是波恩未来的音乐家，贝多芬。请你听他弹一曲吧！"早就非常赞佩贝多芬的华尔特斯坦公爵这样向海顿介绍。

"贝多芬，这个名字好熟悉，你曾经到过维也纳，是不是？我曾听说你去向莫扎特求教，受过他的指导，当时我也听到过各方面对于你的评价。不过，恰巧那时我到别的地方工作，所以没能见到你。非常遗憾。我自己常常在想，到底你是怎样一位人物。你的曲子呢？给我看看。"海顿先生一点架子也没有，态度非常和善，就像是一个慈祥的父亲。

贝多芬真是感激，简直像要飞上天去那样的高兴。音乐会上，贝多芬自豪而略带腼腆地献上了他的两首康塔塔新作中的一首。

海顿听了贝多芬的演奏之后，拍着贝多芬的肩膀不停地说："真棒！真棒！"

"蒙您夸奖，还请您多多指教。"

"你的名字我早听说过，看来你是块可以琢磨的宝石。但是在波恩可就被埋没了。写得出来这样乐曲的人，埋没在波恩实在可惜！如果到维也纳去好好研究的话，一定大有成就。为什么离开维也纳回到这儿来呢？到维也纳去吧，到时候我会尽力帮助你。"海顿向贝多芬发出邀请。

"因为那时我母亲病危。母亲去世后又因为家里穷苦，我不做事情生活就维持不下去，所以没有办法再到维也纳去继续研究。"贝多芬红着脸，十分伤心地回答。

"就这样埋没在波恩，实在太可惜了。我也打算请求选帝侯资助他。"华尔特斯坦公爵这样认真地说。

"请你继续努力争取吧！我要直接指导他，一定要把他培养成一个举世闻名的音乐家。"海顿请求道。

选帝侯一直没有出声，沉吟了一会儿，他的视线转到贝多芬身上："好吧，我给他学费就是了。"

虽然，这声音很轻，但这已经是很肯定的答复了。贝多芬简单像是在做梦，因为他根本没有想到，他梦寐以求的竟会这么容易实现了，所以，他激动地流下了热泪。

海顿经过思索以后，就决定给这年轻的孩子授以课目。贝多芬自然希望从他的身上多学到一些艺术的内在东西，不肯浪费一些光阴让其虚度过。在他还没有成为钢琴家前，只能先进行课本的阅读，此时他也没有创作问世。

不过，要到遥远的音乐圣地维也纳，贝多芬可不能说走就走，因为家里面还有一位颓丧的父亲和两个年幼的弟弟。经过华尔特斯坦的活动，选帝侯同意贝多芬去维也纳拜师，薪金仍照样支付。最让人担心的父亲，有了钱也就不会有困难了。

贝多芬决定让大弟弟也成为一个音乐家，所以，就为他找一个学习音乐的地方。至于二弟弟的性格，比较适合做生意，所以贝多芬就让他去一家药房当学徒工。另外，又雇用了一位妇女来管理家务。

经过一年多的准备，到了1792年11月，这位满怀希望的青年又踏上了去维也纳的旅途，开始了他的第二次求学旅行。

一切都安顿好了，贝多芬去拜赖宁夫人家辞行。拜赖宁夫人是一直鼓励他去维也纳的,她像母亲一样叮嘱贝多芬许多话。贝多芬几次想见爱兰诺拉都没有见到。他们之间发生了一点小矛盾,她是有意躲起来了。他非常失望地回到家里,怅然若失。

过了几天,贝多芬出乎意料地收到一个小包裹,是爱兰诺拉寄来的。他兴奋得浑身发抖,费了好大劲才拆开,里面是一条她亲手编织的领带,漂亮极了。在那条手织的领带上,还写着一首诗。最后的署名是:你的朋友学生爱兰诺拉·白莉奇蒂。

贝多芬这一生都保存着这份礼物,他把它当作最珍贵的拥有,因为在他情绪低落的时候,在他遭遇打击、不幸之时,这首诗给了他莫大的安慰。每当看到这首诗的那一瞬间,他就重新注入了面对挑战和困难的勇气。这是一个爱情的纪念。

贝多芬也感到很懊悔,他立即写了一封回信,还专门写了一组变奏曲献给了她。贝多芬在信中这样写道:

没有想到你会送我那么漂亮的领带,本该高兴才对,不知怎么竟觉得悲哀起来,因为我不知道你还惦记着我。

你与你妈妈的恩情,我一生都不会忘记。为了答谢你的礼物,我回赠一首变奏曲和一首小提琴曲。不久你要去不来梅旅行,小小的东西希望能解你的旅愁,让你能偶然想起我。

信写完,发出了。他总算了却了一份牵挂,明确了彼此的友谊关系。比那种介乎友情与爱情之间的关系好多了。不过心里总是有点说不出的苦涩。

清早,贝多芬告别了友人,告别了故乡,上路了。他突然觉得给了他许多苦难的波恩,一下子变得使他留恋起来,心中涌动着淡淡的离愁。父亲般的莱茵河啊,故乡的一切,再见了!

"别了，妈妈！""别了，爱兰诺拉！"他在心中轻轻呼唤着。

送行的人们还在向他挥手，马车越走越快，一切留在他的记忆中了。谁能想到，他此次一别竟终生没有再能回来一次。故乡只能出现在他的梦中。

在与亲人、友人分别之际，爱兰诺拉又将一个小纸条塞到了贝多芬的手里面。纸条上写的是赫尔德的几行诗句：

友谊，是多么的可贵，
升起时，就像黄昏美丽的身影，
直至生命之光灰飞烟灭。

贝多芬深深铭记了这几句话。这就是波恩向他的告别。维也纳从此成了他的希望与失望，他的成功与失败，他的爱与恨，生与死的舞台。他在这里一直演到生命的最后一刻。

维也纳拜师学艺

与维也纳阔别整整5年的贝多芬，又踏上了这条通往艺术圣殿的旅途。这时莫扎特已于前一年英年早逝了，当时红极一时的音乐家是海顿先生。兴奋的心情与思乡的离愁混杂在一起，真让贝多芬感慨不已。

贝多芬正要动身开始他的旅程，战争在法国爆发了。战事渐渐地蔓延到莱茵州而影响到贵族的生命财产，军队向前线行进，许多贵族都已在撤退，科隆的皇帝也是其中之一，宫中的一切珍贵宝藏都移到杜塞尔多夫去了，这样才能不遭受劫掠。

维也纳是欧洲的音乐之都，在这座具有竞争性的开放城市，从波恩来的"乡下人"贝多芬格外引人注目。其中的主要原因，当然在于他身上显示出来的与众不同。

到达维也纳后，贝多芬选择了一间简陋的小屋住下。

贝多芬第一件要做的事就是熟悉此镇，并且了解能够做些什么事情，他租了一架钢琴，并买了一张写作台。他不像其他年轻音乐家一样一到了自己音乐生活之中时心就有些糊涂起来。

他不再为不善言辞而羞愧了，22岁的贝多芬已能很有把握地跑入显贵的屋中，使别人对他注意而发生好感。华尔特斯坦没有给他写过一封介绍信去会见维也纳的朋友，如他在波恩去拜见一班人那样。虽然他受到海顿的保荐，但此时的贝多芬已不会像从前那样，走在街上没有人注意了。

一安顿好，贝多芬就去请教海顿了。海顿见贝多芬来到维也纳，十分高兴，他极力推荐贝多芬在一场重要音乐会上登台献艺，一展自己的才华。

这会儿，坐在海顿陈设简朴的客厅里，贝多芬忐忑不安。他在想，自己出身卑贱，名气又不大，却与那些为人们所公认的大师们一起登上这欧洲最辉煌的乐坛，这会不会被别人斥责为狂妄？

"小伙子，别害怕，好好去准备准备，你一定会成功的。任何一位音乐家在成名之前，都有过这样的挑战。"海顿大师看穿了贝多芬的心事，和蔼地激励着他。

回到阿尔札巷自己租住的那间小阁楼上，贝多芬立刻投入到紧张的准备工作之中，小阁楼上的灯光从黄昏亮到了黎明。

功夫不负有心人。贝多芬的勤奋努力和他的良好的天资决定了他在这座音乐城迈出的第一步就是成功的。这场音乐会获得了空前的成功，贝多芬的名字也引起了各方面的关注。

从波恩来到维也纳，直至海顿去伦敦，他同海顿的学习时间也不过一年。他每天主要是学习，有时间便作曲、练琴。维也纳还没有他的地位。这里不同于波恩，贝多芬不得不注意服装，讲究仪表，谈吐举止都要格外小心。尽管这样还是去不掉身上的"土气"，尤其是一口外乡话，走路的姿势，就让上流社会的人们发笑。这乡音他是不改的，他不能过分迎合他们，他要用自己的才能去征服他们。

有一次，贝多芬在一家沙龙演奏自己作的乐曲。过了些时候在另一个场合他见有人演奏这支曲子，并说是他自己的作品。

真没想到，音乐界竟有这样卑劣的人。此时他正以莫扎特《费加罗的婚礼》的一部分为主题，写了一首钢琴与小提琴变奏曲。为了报复那些卑劣的抄袭者，他故意加上一些很难演奏的部分。没有高深造诣的人是难以表演的。这首变奏曲由维也纳亚尔杜拉社出版。

他拿着新出版的乐曲，首先想到故乡的一个人，她就是爱兰诺拉。他写了封信，把信和乐谱一起寄给她。

信上说："来维也纳也快一年了，你的倩影总不时在我眼前浮现。

亲爱的爱兰诺拉，真想穿件你亲手织的兔毛背心，那将令我欣喜若狂，这唐突的要求你会答应吗？你能谅解吗？呵！无论什么，只要是你亲手做的东西我都喜欢。而且，这也是我心里的小小虚荣，因为这是我可爱故乡波恩的一位美丽温柔姑娘送我的礼物。

寄去的曲子可能难了一点，别怕，我相信你可以弹得很好。主要是为了要难倒那些抄袭别人作品的人，维也纳音乐界的一些卑鄙人物，我讨厌死他们了。"

日子一天天平静地度过，那场音乐会掀起的狂热不久也被人们所淡忘掉。作为世界音乐之都的维也纳，每天都有音乐会在此举行，作为那场音乐会的非主要演员，贝多芬此时的名气还不算什么。这一点，贝多芬心中有数，而且可以说是十分清醒，他知道自己未来还要不懈地去追求。因此，他决心继续钻研，虚心地向海顿老师学习。

60岁的海顿曾与莫扎特有父子般的感情，当时这已成为音乐界的佳话。然而他同贝多芬之间却是缺少情缘，甚至不能调和。

尽管贝多芬离开波恩时，华尔特斯坦伯爵曾嘱咐他："你一定能从海顿那里得到莫扎特的精神的。"但在实际接触中，贝多芬多少感到了失望。他感到最不满的是：海顿对他像对一个初学者一样从最简单的基础开始教起，进度又极为缓慢，练习课又不指导，对贝多芬的习作改得也不认真，许多违反规则的错误都没改正。

其实海顿是赏识贝多芬的，只是他应酬太多，十分忙碌。而贝多芬又过于奔放自信，不愿受规范的束缚。两个人作为师生没有达到预期效果。如果海顿不是做先生，而是做他的音乐顾问，也许会好些。

事实也确实是这样。贝多芬的才气胜过海顿。尽管他一直被埋没在波恩，可是，他的音乐才能，即使到了人才济济的维也纳，也绝不会落在别人后面。

即使这样，贝多芬也并没有因此而疏远这位老人。贝多芬担心在海顿这里学不到什么，就托朋友认识了作曲家约翰·欣克。他的歌剧

《乡村理发师》名满欧洲，贝多芬决定向他学习。

贝多芬出于对海顿的尊敬，让欣克为他保守秘密。这样他往来于两位老师之间。至于去海顿那里不过是应付差事，因为来时波恩选帝侯指定他向海顿学习，如果私自改换老师，波恩选帝侯要停止对他的资助。

正巧海顿于1794年1月去了英国伦敦，就让贝多芬向亚尔比士伯加学对位法。贝多芬很认真地学，但他不想受这些对位法规则的约束。他要在这个基础上去发挥去创造。对他这样的天才，任何先生都是无能为力的。

等到在欣克那儿把想学的东西通通学会了之后，他对欣克又有了不满的感觉。个性倔强，而且充满了求知欲的贝多芬，可以说绝对不是一个老实的好学生。

欣克机警地发现了这个苗头之后，就说："贝多芬，我觉得我已没有再新鲜的东西教给你。我给你引见阿布雷兹先生好了。"

于是，贝多芬又去跟一个新老师学习了。

"你必须从最初的第一步开始学起，而且要把从前学过的知识，暂时通通忘掉才行。"

阿布雷兹·贝格，这位老先生，是教过贝多芬的几个老师中要求最严格的一位。他从最初的单对位法开始，直至三重对位法，不停地灌输给贝多芬。随着学习的不断深入，贝多芬那独具一格的天分，使他对那拘泥于陈旧形式的研究感到不耐烦。他很想去开拓一个新的形式，一个新的境界。

"我一定要打破那些旧形式，我要去打开那扇还没有人打开过的门。"贝多芬心里呐喊着。

贝多芬跟随一个又一个老师拼命学习作曲，几乎达到废寝忘食的地步。学习是紧张的，父亲约翰去世，他也没能够回到故乡去，他只能站在那间租金为14弗海林的小阁楼上，手画着十字，默默地为自己那可怜的父亲能够升入天堂而祷告。

在贝多芬到达维也纳后一个月,他的父亲就去世了,这事的详情可在皇帝的信札中知道,主要是因为自从贝多芬离去后,酒资没有着落,于是郁郁而死。

"你父亲去世之后,家庭抚养费还是可以继续发放,放心好了。"侯爵顾念贝多芬正在求学,所以就采取了这个富于人情味的特别措施。

贝多芬在维也纳住了一年后,自我感觉还不错,他在写给朋友爱兰诺拉的信中,提及了他自己的境况,他写道:"你可知道你的朋友生活已趋佳境,而他的幸福将扫去过去一切可怕回忆。"

贝多芬告诉了爱兰诺拉他自己一生之所遇到的华丽而罗曼蒂克的生活,贝多芬在维也纳的确交到了好运,它似乎是在补偿他幼年时所遭到的苦痛。维也纳所带给他的幸福,恐怕不是世俗的敏感人士所能想象得出的。

据他们的朋友说,他在维也纳除了第一年中时常发脾气以外,其余的时间就忙于音乐的工作,以他人之力来量自己之力,使人们的兴趣逐渐倾向于他的一面来,他找到了心中所需要的和渴求的。

但悲剧好像永远离不开他的生命似的,现在他又将碰着它了。好景不长,由于法国大革命的缘故,贝多芬的学习又要受到影响了。

1794年,法军入侵波恩,德国侯爵战败弃城而逃。因此,这使得贝多芬的留学费用以及家族生活补助费都没有了着落。在这种情势之下,他只好自己来想主意了。

幸运的是,贝多芬的钢琴演奏受到了贵族社会和社交界的欢迎,这使得他有了一笔较为稳定的收入。

威多拉在1794年到达了维也纳,他是在法国军队攻入莱茵山谷之前就躲到这里来的,科隆城的王国也被永久地消灭了。他对贝多芬的生活表示惊异,现在的贝多芬虽然失去了波恩每月付给他的费用,但已能够自己立足了。他能想法借到钱用,也不再管他的家庭了。

过了一些日子,贝多芬就从郊外的住处搬到了一幢豪华的住宅里。这所住宅的主人就是极其富有的卡尔·李希诺夫斯基亲王。

亲王既会拉小提琴,又能弹钢琴,他的兄弟莫里兹是莫扎特的学生,他可爱的妻子也是一名钢琴家,她的芳名是玛丽·克里斯蒂娜,比贝多芬小两岁,人称之为"三娇"之一,是法朗兹·约瑟夫·冯·生公爵的女儿。

"真诚地欢迎您光临寒舍,"亲王握着贝多芬的手说,"我要把您介绍给出席今天晚上沙龙聚会的所有客人。"

"谢谢,先生。"贝多芬有些矜持地摘了摘帽子。

黄昏时分,亲王的官邸沙龙里就点起了明亮的烛光。来参加聚会的社会名流们三三两两地在一起闲聊。亲王和夫人陪着贝多芬来到了大家面前。

"诸位,这就是今天晚上将要为大家献艺的天才音乐家,来自波恩的路德维希·凡·贝多芬先生。"

沙龙里响起了一阵并不怎么热烈的掌声。装束入时,系着红色领结的贝多芬微微向在座的人点了点头,就坐在钢琴前。

他打开了自己感情深沉的心灵画卷。旋律在贝多芬的手下由甜蜜而又转为惆怅抑郁,随后又转为温柔动人的情调,最后复归于欢快乃至诙谐的调子。他给每个音乐形象都赋予了某种性格,使它们具有热烈的感情特征，因而淋漓尽致地表达出了他那独特的东西和自我感受。几乎在座的每一个人都有这种感受，这首幻想曲真是弹得棒极了。

沙龙里的人们都惊奇地倾听着这动人心弦的音乐。它不再是莫扎特式的温文尔雅，坐在钢琴前面的简直就是一团热情的火。在他那有力的手指下，这架钢琴像是时而欢呼，时而悲叹，时而咆哮，最终又归于温柔。

贝多芬还沉浸在乐曲中，呆呆地坐在凳子上。如潮的掌声，一阵阵喝彩声响彻大厅四周。

音乐是卡尔亲王的嗜好，也是他生命中最重要的东西，他在音乐上所花费的金钱已不知有多少。规模大的或者小的音乐会，每日都在李希诺夫斯基的家里举行。可是最吸引人注意的是每星期五的早晨音乐会，聚集了年轻而有天才的音乐家在这里演奏四重奏。

依格那兹·修本是第一小提琴手，他还只是一个16岁的青年，1792年贝多芬第一次跟他们相识。修本是极佳的演奏者，不要小视了他的年幼，他指挥的奥加登音乐会相当成功。第二小提琴手是路易士·辛那。中提琴手法朗兹·魏斯和低音提琴手尼古拉斯·克莱夫特，他们都差不多有相同的年龄，而克莱夫特只有14岁，有时王子自己代替了第二小提琴手，柴姆斯加尔往往掉换克莱夫特的位置，克莱夫特的父亲有时也来担任这一个职位。

贝多芬殷切地看着他们的演奏，但是他自己很小心谨慎，尽量多听和学习，虽然三重奏或二重奏的钢琴部分他可以很愉快地胜任，虽然在亲王家里很受器重，不过，贝多芬并没有就此感到满足。他总想踏上维也纳的舞台上去，好使自己的音乐让更多的人欣赏。

一次爱的经历

到维也纳以后的两年半，贝多芬终于实现愿望，有机会到他所向往已久的白尔格剧场演奏他自己的作品。

当演奏计划正在进行的时候，有一天，他的好朋友威多拉来访。

"我真是替你高兴，能有现在的成绩。"好朋友高兴地对贝多芬说。

"谢谢，对了！你打算什么时候回波恩去？"贝多芬问自己的老朋友。

"我的研究工作要完成了，所以打算明年再回去。"

"拜赖宁一家人身体都好吧？我的第一次登台演奏，不能请他们到场来欣赏，实在是一件憾事。"说这话的时候，贝多芬脑海中浮现出爱兰诺拉温柔而漂亮的身影。

"我也这么想。他们都在祈祷看你的成功呢！尤其是爱兰诺拉。"威多拉高兴地说，忽然他又想起了什么事情地说，"我回去后，就要和爱兰诺拉结婚了。"

贝多芬听了，心里有一种说不出来的滋味，自己日思夜想的情人现在竟然要结婚了，而且是和自己的朋友。他很想说声恭喜，可是，话还是没有说出口。

1795年3月29日，演奏会的日子终于到来了，当天的节目单上有这样一段文字："大师路德维希·凡·贝多芬自己创作的新钢琴协奏曲独奏。"

要踏上白尔格剧场这个舞台并不是一件容易的事情。首先，必须有贵族的支持。同时，也必须是一流的音乐家。所以，贝多芬能在舞台上出现，实在可以说是一种殊荣。

这一次的登台演奏，是极为成功的。像这样的钢琴演奏，听众们还是初次听到。大家好像被卷进了热情的风暴之中。当他演奏完后，台下观众响着经久不息的掌声。他不知所措地站在舞台上，第一次啊，第一次就得到如此的成功。这个个子不高、长得丑陋的波恩青年引起了维也纳人的瞩目。

各大报刊也都纷纷刊出报道，一致赞扬贝多芬。在这以后，贝多芬又连续演出了两场。

经过这3次的演奏音乐会，贝多芬在乐坛上的地位已经稳固了。他的前途从此大放光明！一个从小地方来的名不见经传的、无依无靠的青年，一跃成为了乐坛的宠儿。

贝多芬凭着他的演奏天才，逐渐被维也纳接受了。许多沙龙邀请他去演奏，对他的演奏议论纷纷，引起了反响。

12月，应宫廷的召请，贝多芬演奏了自己作的钢琴曲，得到好评。他的钢琴弹奏是不同凡响的。人们拿他的弹奏同莫扎特的弹奏比较，莫扎特弹奏的是一些悦耳、纤丽、简洁、流畅的音乐；而贝多芬弹奏的则是粗犷有力，如狂风暴雨，猛烈地冲击着人们的感情。

贝多芬崇拜莫扎特，但他不是一个模仿者。他的弹奏不仅是悦耳的声音，而且是感情的宣泄。

贝多芬成名了。他成了维也纳第一钢琴家。他将接受上流社会的吹捧包围，面临着新的挑战。

贝多芬在有了名声和地位以后，便写了一封信给还在故乡的弟弟，希望两个弟弟能来维也纳和他共同生活。一个多月后，贝多芬的两个弟弟就到了维也纳。

贝多芬为了接两个弟弟到维也纳来，就从亲王家里搬了出去，在克罗意加塞租房子和弟弟们住在一起。他让大弟弟继续学习作曲和弹奏乐曲，把二弟送进学校读书，读取了一张药剂师证书，为将来开药房做准备。兄弟三人住在一起，各人向各自的目标去努力。好像这样愉快的生活，是贝多芬向往已久的了。

贝多芬看起来还过得不错的样子，他穿得很入时，与他的兄弟极和睦地处在一起，他所住的地方跟住在城里也没有什么分别。

漫无止境的音乐会，公开的或私下的，在这个异乎寻常的首都中举行着，也正是一个年轻人想得到一些经验的绝好机会。歌剧是灿烂的，特别是富丽华贵的一种，公开的音乐会则极为稀少，但是私人的却随时在各处都有举行，他们影响了整个社会生活。

交响音乐是绝少举行的，交响曲也当室内乐般的演奏，私人剧院和舞厅聚集起来就可开一个交响音乐会，乐师是从不会感到匮乏的。

在冬天，音乐季到来，显贵们从各地都集合到维也纳来，他们都随带了音乐指导，足够几个交响乐队同时演奏。欧洲正盛行着如维也纳的乐器音乐，不论巴黎、孟海姆或伦敦，适应此种情形的，大多数是莫扎特和海顿的交响曲和四重奏。

许多事实都说明了贝多芬对于贵族阶级是如何的轻视，公开地向他们挑战，贝多芬对李希诺夫斯基曾这样说过："你成为王子是由于你的家族，贵族到处都有，而贝多芬只有我一个。"

音乐的精神已超出了习俗，达到了狂热的程度。从波恩来此的年轻钢琴家不须出示他的介绍信或资历书，他所要做的，在钢琴上表现出来就已经足够了。

维也纳的音乐理想主义使他有一种特别的感觉，使他变得和平起来，放弃了勃然大怒和粗鲁的习惯，而且也没有理由可以再继续下去，没过多久他就被尊敬所包围了，他甚至觉得自己诸事都很顺利，当然除了唯一的缺点：没有结婚。

在这一时期，贝多芬的生活很是繁忙。他不停地穿行于各种音乐会。

"贝多芬先生，现在正写什么曲子呢？"灯火辉煌的沙龙里，打扮得花枝招展的贵妇们，一看到贝多芬，总会这样问。

此外，贝多芬的学生也很多，因为大家都争相向他请教。另外，他也得时常举行音乐会发布新曲。

到了第二年，贝多芬应邀到布拉格去演奏。不论在贵族的沙龙里也好，出席演奏会的时候也好，贝多芬总是受到听众热烈的喝彩。所以"维也纳的贝多芬"的名声，就很快地传播开来。

但是，在贵族专门为他召开的舞会上，在宴请他的酒席上，在甜软温情的恭维声里，在鲜花和掌声的包围之中，他始终提醒着自己：这不是你所渴望得到的生活，你所需要的是不断地走，从黑夜走向黎明，通过努力去获得胜利。

现在，离胜利还很远，为了达到自己的目的，贝多芬开始对自己的创作提出了更严格的要求。

在一个春天的早晨，贝多芬和平常一样，正在埋头作曲时，一阵叩门声响起，一个声音说："勃伦斯比克伯爵来访。"

贝多芬正沉浸在他那美妙的艺术世界中，突然被人打扰，他有些生气。但出于礼貌，还是站起来，准备去迎接这位他并不欢迎的客人。

"真不好意思，贝多芬先生，打扰了。"来客还没有见贝多芬的面，就为打扰贝多芬道了个歉。

贝多芬还未见到勃伦斯比克伯爵，就被那洪亮的声音所吸引，一听就是一个性格直率爽朗之人。

勃伦斯比克伯爵走进房间里时，贝多芬连忙迎上去问好："您好，伯爵先生。"

勃伦斯比克伯爵先生打量着这位闻名维也纳的艺术家，感叹道："台上演奏时激情澎湃，没想到生活中您那么随和。"

伯爵先生刚坐下来，看看那架漂亮的钢琴又接着说："今天，我特意前来，是有一事相求。"

贝多芬笑着回答说："有什么事，我会尽力帮忙，您说吧！"

"我的孩子，黛莉雅，非常崇拜您，想跟您学琴。"

对于勃伦斯比克伯爵家这个具有悠久历史的贵族，贝多芬当然不好意思拒绝了。

"嗯，那就让小姐明天来吧！我想听一听小姐弹琴以后，再做最后的答复。"

第二下午，黛莉雅如约而至。贝多芬一看到黛莉雅就惊呆了，这位小姐不仅气派华贵，而且仪态大方，优雅可人。他见过不少漂亮的贵族小姐，没有人比黛莉雅更有魅力。

"小姐，请弹上一曲吧！"贝多芬对这位美丽高贵的小姐说。

黛莉雅的脸上绽开了一丝素雅的微笑，在琴凳上坐下来。她虽然有些紧张，但还是能全神贯注地按着钢琴的键子。

"弹得不好，很惭愧。"黛莉雅红着脸，一副难为情的样子。

"不，你弹得还可以。只是由于紧张，有时手指不够灵活，这样显得乐曲听起来不十分流畅。"说着，贝多芬就示范给黛莉雅看。

从此，黛莉雅没有一天中断过练琴。贝多芬也教得十分投入，有时竟忘了时间，从中午12点钟开始一直教到下午5点钟的时候才休息。

每当这时，黛莉雅总是十分过意不去。抱歉地对贝多芬说："老师，耽误您的时间太多了。"

时间的确耽误了许多。但是，跟黛莉雅在一起，贝多芬觉得很开心。他就是从这快乐中，撷取创作的灵感。因此，这一段时期内，作曲就进展得非常顺畅。

爱会怎样地滋养他的艺术，这是贝多芬在和爱兰诺拉小姐间的友谊中充分体验过的。美丽而聪明的女性，不但会激励贝多芬的创作，而且还会给他安慰。不过，他也清楚地知道，自己身材矮胖，体格结实。而他的脖子又短，肩膀又宽，脑袋又大，从外貌上，实在与这样的女性不相配。他把自己心中的这种爱意净化、升华，表现到他的作品之中。

不久以后，贝多芬就作成了一篇献给了心中的爱的乐曲。黛莉雅弹奏起这首乐曲，眼里闪烁着感谢爱意的光芒，这是纯洁之爱的倾诉。这乐曲中流淌着爱的欢悦和爱的悲痛，等到弹完以后，乐曲中那种悲伤的余韵让她回味无穷。

"这曲子，像珍贵的宝石那样晶莹！贝多芬先生，谢谢你。"黛莉雅的神情带着一丝的惆怅。

在这些美好的日子里，只要有黛莉雅陪伴在身旁，他就觉得世界充满了阳光和美好，一切都是那样的甜蜜和适意，心情也变得异常平静和安详。与此同时，在贝多芬的精心指导下，黛莉雅的钢琴演奏水平也有了突飞猛进的提高。

在将近一年的时间里，贝多芬这位一向以严厉而闻名的老师，在黛莉雅面前变为温情脉脉的恋人。他与这位可爱迷人的姑娘一起度过了许多双方都难以忘怀的美好时光。这位可爱的伯爵小姐的那双深蓝色的眼睛流露出了无限的智慧，她帮助贝多芬克服了不少日益加重的困难和忧虑。

在这一时期，贝多芬的创作可以说是硕果累累。作品第九、十、十一、十二、十三、十四、二十和二十一号陆续问世，其中的《第八钢琴奏鸣曲》即《悲怆奏鸣曲》和《第一交响曲》是他早期的名作。

敢于创新

涓滴之水可磨损大石,不是由于它力量强大,而是由于昼夜不舍地滴坠。只有勤奋不懈地努力,才能够获得那些技巧。

——贝多芬

有独创精神的反叛者

贝多芬在维也纳最初的3年得到了成功。贝多芬在那里获得了创作他的音乐,"从海顿的手中获得莫扎特的精神"。

贝多芬从海顿那里所学到的正是海顿起初开始学得的,事实上贝多芬所选择的是行动而不是纸上空谈。

贝多芬并不在海顿处如何学习作曲,他以后反而成为一个作曲家,一个熟练而完美的作曲家。他从波恩带来了许多手稿,他的音乐到处按着海顿的步骤而走,所以显得非常乖戾,但是贝多芬仍非常佩服他,他知道海顿的内在力一天强似一天,而且力也愈加有生气。

贝多芬所需要知道的是作曲所有的方法和观念,但是海顿不能满足他的要求,这位伟大的作曲家对于教他题外的东西并不感兴趣。

海顿第二次从伦敦载誉归来以后,就努力进行交响乐的创作,而贝多芬却什么都没有做,希拿克深知这个孩子的性格,教了他一些东西而对他产生了深刻的印象:"我现在知道一定要极力帮助我热心的学生。"

他答应加倍地补偿贝多芬在海顿处所没有学习到的,但要贝多芬保守这一个秘密,因那是为了职业上的关系,希拿克就开始改正贝多芬的错误。

从此以后,贝多芬用自己的手写作了不朽的作品,这样过了差不多一年的光景,直至希拿克不能对他再有帮助为止。在1794年的一月里,海顿离开了他的学生而到伦敦去了,将贝多芬交给了有名的阿尔布列斯伯格。

阿尔布列斯伯格也像海顿一样疏忽和不注意,贝多芬所学到的多非日后所用得到的,话虽如此说,至少他在这里学习到了柔软音质的运用,否则他就不必在这里学习了。

兰兹和阿尔布列斯伯格非常熟悉,所以他向他介绍了贝多芬的情况。兰兹告诉他说贝多芬是个天才,是个难以约束的学生,不过只要让他跟随他自己的意志行事就行了,假使他的灵感来了,切不可用任何方法来阻止它,而要让他自由地发展。

正是在这样的情况下,贝多芬的想象力渐渐有了生气,它甚至在贝多芬的头脑里逐渐形成了美丽的形体。但是却没有什么证据可以知道贝多芬从阿尔布列斯伯格处得到任何改正错误的指导。

而山勒里却完全不一样了,他是皇家乐队的指挥,虽然不指挥歌剧,但仍然是一个作曲家,因为他富有经验而且技术熟练,所以非常受大众的尊敬。贝多芬向他请教声学,偶尔请他教授意大利文,这教程是不收费的。

贝多芬需要更多关于歌剧方面的知识,他都用心地吸取了,他辛勤地学习朗读时的声调和表情。意大利的歌曲,那时是音乐会中所需要的,贝多芬创作了3首三重奏,因此他带了这些作品去见山勒里以作鉴定。

海顿也被请去听贝多芬的3首三重奏,含有命运性质的第一号作品,于1793年在李希诺夫斯基家中举行首次的评判,这个年老的音乐家从来没有听见过类似这种乐曲,这3首三重奏在演奏的时候,他静静地听得很有滋味,似乎有一些是他所不知道的,而旁边的人也都看着他的面部到底有什么反应。

法朗兹的儿子兰兹,也就是日后贝多芬的学生,用他自己的语言写着关于贝多芬当时的情形,当时海顿批评了贝多芬的三重奏中的一个部分,这使贝多芬感到惊异,因为他认为那个部分正是三重奏中最好的部分了。从此以后,海顿的批评给贝多芬留下一个极坏的印象,因为他认为海顿对他是太妒忌和自私了。

即使海顿的话不能算是嫉妒的话，那么至少这次贝多芬取得的成绩是使他羡慕的，那自由的观念、进取的力量，恐怕与海顿的作风都不相合，甚至是反叛的。

海顿有他自己的经验，当另一个人要进行音乐上革新的时候，他的意识可能是偏执的，贝多芬失去了对海顿的崇拜，他自己的音乐并非不及他的老师。

贝多芬的第一号作品3首三重奏手稿，两年以后才得到出版。出版的时候，贝多芬有没有接受海顿的"忠告"将其修正，这倒是一个很有趣的问题。

一年以后，贝多芬写了第二号作品，即3首钢琴奏鸣曲，这是奉献给海顿的，海顿因此感到非常的烦恼，他知道他可以带这个年轻人到伦敦去而成为一名钢琴家，这对彼此都是有利的，海顿也知道这个年轻人前途是无量的。

1793年，海顿的朋友在波恩得到了他的信，大约也是关于贝多芬的第一号作品，其中他这样写道："我的写作不久将倾向歌剧，而放弃作曲。"

这年老的人是正直和文雅的，但年轻的贝多芬却缺少这种特质，年轻有为的钢琴家冯·甘沙小姐，本想去李希诺夫斯基家中参加演奏，但看到了贝多芬的外表与华丽的陈设极不相称，而心中颇为不快。

她这样描述贝多芬：他的服饰极为普通，特别在我们的一群中更显得落后了。除此之外，他的所有举止毫无文雅可言，换一句话说，他是相当粗鲁的。

在冯·甘沙小姐的记忆中，仍能很清楚地想象出来当时的情景：我很清楚地记得贝多芬的第二个老师，海顿和山勒里静静地躺在音乐厅边上的沙发上，都小心地穿上最好的着装，头上戴了假发，而贝多芬所穿的是超莱茵式的衣服，一点也不拘束。

维也纳人最初对于贝多芬的看法，说他作为一个作曲家还不如说是一个出色的钢琴家更确当些。一个钢琴家时常奏一些协奏曲、奏鸣曲或是三重奏之类，大众注意力多是集中在演奏者的技巧上，贝多芬时常演奏他的降B长调钢琴协奏曲。

但是贝多芬对于第一个用管弦乐伴奏的乐曲从不感到满意，甚至在1801年，他多次进行了修改，这样还是没有达到他的满意。在饱满的创作热情下，贝多芬开始了他的第二首G大调钢琴协奏曲创作，1798年，这首曲子第一次在布拉格公开演奏，他的手好像是不能停住的，不久他又开始第三首钢琴协奏曲的创作。

1796年贝多芬作了一次音乐旅行，但只到了两个城市，布拉格热烈地欢迎他，他写给他兄弟约翰的信中显得很高兴："我进行得很顺利，我的艺术赢得了朋友和尊敬。在此预备再住一个多星期，然后去德累斯顿、莱比锡和柏林。"

到了柏林，他在普鲁士皇宫不止一次地演奏着，因为威廉二世是一个提琴家，贝多芬就为他作了两首低音提琴奏鸣曲，也就是第五号作品，他与皇帝的大提琴家杜泡特合奏，皇帝送给作曲者一只金的鼻烟盒。

没有人能够有他这样快的音阶、双颤音和跳跃的速度，甚至赫梅儿也不能同他相比，他演奏的能力是极端的幽静、高贵和美丽，面部一点表情也没有。他只有在听不见的时候，头才稍稍往前倾了一些。他的手指并不过长，但富有力量，指尖因弹练过多而显得阔了些，对此，贝多芬告诉他的朋友："那是因为在年轻时常练习到深夜所致。"

在维也纳的第一年中他称了霸，一度被誉为小提琴神童。而于26岁成为大众化钢琴家的萨尔斯堡·约瑟夫·惠番尔，这时也来到了维也纳，照那时的习俗，他立即与贝多芬进行了比试。大剧院的指挥西弗拉特被请来作为评判人。权贵们立即分成两个阵营，李希诺夫斯基的一边拥护贝多芬，惠兹勒男爵的一边相反。

1799年维也纳迎来了钢琴家约翰·克莱茂牧师，他是生于德国的英国人，也是克雷孟特的学生，克莱茂的艺术比惠番尔更好，他不久就成为欧洲的第一流钢琴手。不过当他与贝多芬相比时，也出现了相同的结果。

克莱茂惊奇于贝多芬精致而完美的弹奏，果敢、富有煽动性的想象力。贝多芬尊重克莱茂，同他做了朋友，并向他请教。

克莱茂是个形式主义者，不能接受贝多芬灵感突发所给予的恩惠，有一次到贝多芬的住所去，他听见他的朋友正沉浸在钢琴的梦境中，他静静地站在走廊上足足有一小时半之久，甚至于完全听入了迷，然后才踮起脚尖轻轻地溜了出去。

当1796年贝多芬在普鲁士皇宫演奏的时候，给人们留下了一个非常深刻的印象。

有人这样写道："贝多芬对于在场每一个人的影响，可以从他们眼睛看出来。观众们可以说大都是眼含热泪听贝多芬演奏的，仅凭这一点就可以知道贝多芬艺术的伟大影响力了。贝多芬身上有一种不可思议的力量，感动了所有在场的听众，他精神上的美丽和新奇，大大地感动了他们。"

贝多芬有一次参加了某一个音乐会，他在1801年告诉白兰坦诺，说他在他弹奏完毕以后，并没有见到喝彩和拍手，他们却聚集在钢琴旁哭泣，"这不是我们艺术家所希望有的，"贝多芬说，"我们需要喝彩。"由此可见，贝多芬这方面魔力之大了。

贝多芬在"即兴"方面的天才是够惊人的，"重复"可以说对于作曲家是最有效的方法，一段长长的演奏，他只要记住某一段就可以了。在贝多芬，所可惊异的是他脑中的选择力是如此的强大和迅速，他不像莫扎特是一个善于辞令的人，但他有着非凡的想象力，随时随地都能做出些什么来，他特别擅长于变奏曲的一种方式。当某一个人提出了一个主题来改变的时候，他照例听任于自己从不失败的天才和熟练的手法去表现出来。

贝多芬的"即兴"会同时演奏两个主题，然后展开它们。"他对于演奏的动作毫不拘束"，我们知道这个主题在贝多芬看来是很容易的，他的即兴有一个非常明显的特点，就是他个人对乐曲富有磁性力，几首未完成的作品，能够同时在他脑海乐思中逐渐强大，然后再从他的手指下行云流水似的流露出来。

贝多芬走红了。

他的钢琴演奏场场爆满，暴风雨般的掌声不断。作曲也很顺利。当时的维也纳人往往以贝多芬的演奏作为音乐欣赏的标准。他们心目中只有贝多芬。对获得成就，他很得意，但他并没有陶醉，而是把目光瞄向音乐艺术的峰巅，在前人还没有涉足的领域，他要开拓出一条路来。

25岁那年，他在日记中写道："……我的天才必能获胜。我已经25岁了，我必须尽我所能，实现一切愿望。"他充满了追求，坚信自己的力量。

成功看似容易却充满艰辛，贝多芬的成功是勤奋和毅力换来的。他每天除了饭后短时间外出散步之外，大部分时间把自己关在屋子里作曲、练琴。

有一年，他刚搬到一家旅店的第三天，弹琴弹得忘记了时间，忘记了吃饭。正弹得如醉如痴时，屋门猛地被推开，房东太太向他喊了起来："先生，我们实在受不了啦！你不休息，我们可要休息啊！"

"对不起，我不过才弹了几个小时啊！"他早就忘记了时间，已完全沉浸在艺术的天国里。

"什么，才几小时？你'叮叮当当'地敲打一整天，烦死人啦！要住在这就别再弹这玩意儿，想弹就从这儿搬出去。"

老板娘下了逐客令，贝多芬只好搬家。他因各种原因经常搬家，据说在维也纳期间一共搬家60多次，其中的苦楚可想而知。

音乐家的超凡个性

贝多芬这时也意识到自身内在生长力的重要性,一次他在李希诺夫斯基的屋里,曾经对一个年老的陌生者说,自己希望有一个永久性的出版商,给他规定的收入,"那么我就可以随心所欲地作曲了。"在那个时代,歌德和亨代尔都曾经有过这样的安排。

那个年老者握住了贝多芬坚定而愉快的手说:"我亲爱的年轻人,你不能为之诉苦,你既非歌德,又非亨代尔,也不要妄想成为二者之一,因为如此伟大的人物是不会再产生的了。"

贝多芬听了后变得严肃、高傲而沉默,过后,李希诺夫斯基常会安慰他,解释给他听:"往往有些人只知目前,而未能卜及远大的将来。"

贝多芬说:"他们不相信我,不信任我就因为我没有成名,现在也没有什么话可说。"

贝多芬说得这样自负,这就是他单纯的真诚,他深信伟大的音乐已离他不远了,有了这种机智的感觉,他终于崛起了,这与老人的预言恰恰相反。

这种力量的感觉一日又一日地成为真实,声调已能够控制、排列和配合起来,事实的确证明了他在音乐领域里随心所欲地施展;他在曲调的宇宙里自由地飞翔,不尽的感觉如潮喷涌而来……

贝多芬对音乐中心思想越来越明晰,这就更坚定了自己的信念,没有疑惑的阴影,没有痛苦包含在内,他是一个做梦者,但是却能将梦变为事实。

虽然贝多芬具备了一切作为艺术家的条件,但当遇到了日常生活中的细小事件时，却常常会感到手足无措地应付不来。他不能像我们一样地应付现实，他觉得人的世界要比音符的世界混乱得多，因为他没有一般人在各种小事中学得的那种了解和耐心，所以他常常变得好像有些恶狠狠的样子。

18世纪末叶的欧洲形成一种音乐热，尤其是上流社会的客厅里，音乐表演成了高尚时髦的雅事。"音乐之都"维也纳则较其他地方更甚，许多贵族之家都聘请音乐家，像莫扎特、海顿都当过这些贵族的门下客。贵族崇尚他们的音乐，以结识他们为荣，但终究他们还是贵族用钱雇用的侍从者。

当时维也纳技艺高超的演奏家能得到很高的收入，有些善于钻营的还可能成为社交界的知名人士。也有些专门讨好贵族、富家子弟的音乐家，他们不学无术只为混碗饭吃，可惜的是有些很有才华的艺术家，也在温柔的沙龙里沉沦下去。

贝多芬自从展示才华以后，许多贵族都乐于帮助他，给他钱用。一个爱好音乐的王子还把他接到宫廷去住，奉为上宾。他不再为穷困发愁了，此时父亲约翰已死，两个弟弟也长大，参加工作了。

赞美、掌声，来自各方面的邀请，都没有迷失这位平民出身的音乐家的本性。他时刻牢记着涅伏老师对他的教导，不断告诫自己："不要迷失了自己。音乐并不是上流社会的专利品，要开拓自己的前程。"

对于贵族老爷们的邀请，他可不是随叫随到，去不去那要看他的心情好坏而定，要说是不想去，谁说也不行。他是自己的主人，不是贵族的奴仆。

当然也有做得过分的时候，一次年纪很大的贵族夫人想请他演奏，他就是不肯。最后那个夫人跪在他的面前，他无动于衷，坐在沙发上起也不起来。

当时上流社会有着许多区分尊卑贵贱的规矩，比如宴会的坐席就是分等级的。它是以盐碟为界,盐碟的上方坐的是王公贵族,盐碟的下方是低层次的普通人。

音乐家按惯例只有坐在盐碟下方的资格。贝多芬偏偏不管这一套,他每次都理直气壮地坐盐碟上方的高位,毫无愧色,心安理得。贵族王公们也奈何他不得,只在背后议论他粗野,不懂礼仪。也有开明一些的贵族认为贝多芬是天才,既然要邀请天才,就应该待为上宾。不管他们怎么说,贝多芬就是不肯屈居下坐。

一天,一个贵族请贝多芬去他的沙龙,安排贝多芬坐在下席,贝多芬二话没说,当着众多宾客的面拂袖而去。弄得这家主人十分尴尬,无法下台。他以他的才华和傲骨,为音乐家在社会上争得了一席之地。

他看不起贵族的地位与金钱,更不能容忍他们不尊重他的艺术。他在一次沙龙的演奏中,发现两个衣着华丽的贵族子弟不停地讲话,眉飞色舞嘻嘻哈哈。他用眼睛盯着他们,示意安静下来。可他们全然不顾仍在谈笑,贝多芬火了,他"砰"的一声关上琴盖,愤怒地吼了起来:"我的琴不能弹给猪听!"说完扬长而去。

贝多芬,狂傲的贝多芬!他不肯迎合巴结那些贵族王公,他堂堂正正地演奏自己的音乐。

他既没有潇洒的外表,也没有令人羡慕的金钱,有的是任性执拗和难以合作的怪脾气,然而高贵的上流社会却热情地接待他、欢迎他，让他大大方方地出入华丽的沙龙，甚至还得容忍他的脾气。原因很简单，是贝多芬的音乐征服了他们。

还有一次，一个亲王专门为贝多芬举办一次沙龙音乐会。显贵、名媛纷纷闻讯而至，静静地等待着贝多芬的到来。贝多芬一进门，他们纷纷起立，像欢迎君主一样欢迎他。演奏中间休息时，一位年轻的贵妇人来到贝多芬身边，讲着动听的悄悄话。她希望贝多芬给她一绺头发作为信物。

贝多芬不止一次碰见这种事了。他早有准备，当场就满足了她的要求。当这个贵妇人向人们炫耀她得到贝多芬的头发时，贝多芬及时揭穿了谜底，告诉大家："那可不是我的头发，是我事先准备的山羊胡须。"一下子引得沙龙里的人们哄堂大笑。

那个贵妇人被笑得无地自容。贝多芬的恶作剧，不只是在嘲弄一个贵妇人，而是整个贵族。

贝多芬在维也纳的朋友中，有个李希诺夫斯基公爵，他曾是莫扎特的学生，对音乐和音乐家有很深的了解。他与贝多芬交往密切，而且还经常帮助贝多芬。

在贝多芬来维也纳的第三年，故乡波恩被法国军队占领，选帝侯仓皇出逃，原定的给贝多芬的汇款自然终止了。李希诺夫斯基立即伸出了救援的手，给予经济上的资助。他又赞助贝多芬到皮尔森、布拉格、柏林等地演奏，每场都获得成功。

李希诺夫斯基公爵为贝多芬乐谱的出版到处联系，实际上成为贝多芬的艺术赞助人。贝多芬把自己所写的《钢琴奏鸣曲·悲怆》，赠给了这位朋友。

1806年秋天，贝多芬住在李希诺夫斯基的府邸里作曲。恰好几个法国军官也来这里做客。主人对他们盛情接待，谈话中提起贝多芬也住这里。这些军官早就听说过贝多芬的大名，表示了对他的仰慕之情。李希诺夫斯基为了进一步讨好法国人，主动提出请贝多芬来给他们演奏。法国军官听了大为高兴。

他万万没有料到,贝多芬不肯赏光。贝多芬早在青少年时代就支持法国革命,佩服拿破仑,对法国人颇有好感。自拿破仑撕破面具,登上皇帝宝座之后,他十分讨厌他们,让他为这些占领者弹奏,坚决不肯。

公爵知道他的脾气,但心中已十分不快,还是耐着性子说:"咱们的交情不是一天两天了。为了朋友,你也应该答应。"

"别的事情可以,唯独这件事不能。"贝多芬寸步不让,他不愿在法国人面前低三下四。

公爵终于发怒了,嘴角抖动着,大声喊道:"难道你忘记了我这些年为你付出的代价吗?"

"尽管你有恩于我,但我不能因此而出卖我的灵魂。早知你是这样的人,我根本不会接受你的恩赐。"贝多芬怒不可遏。公爵不肯在法国人面前丢了面子,最后几乎强行让贝多芬去演奏,贝多芬像一头发疯的狮子,用力地推开他,冲出门去。此时外面下着秋雨,贝多芬跌跌撞撞在雨夜里走了一个多小时,坐上拉邮件的车赶回维也纳。

有钱的人总是看不起艺术,他们以为没有他们,艺术就不能存在;普通的人因为理解力迟缓,所以看起来也好像在忽视他的艺术。

至于商人,尤其是出版商,则当然是剥削者,对别人说好话在他看来是一种虚伪的事,因此奴才们也就等于虚伪的流氓,他并不希望从那些奴才们那里得到些什么,所以他们也尽可能地给他最坏的待遇和不幸。

于是贝多芬在自己的四周筑起了一道猜疑的墙,但那些只知道环绕在"名人"四周的无知人们,常常侵入到贝多芬的独立生活中来,他没有别的办法,就只好以非常凶暴的行为来阻止他们的侵入,他没有一般"名人"的小礼貌来作为防御物,至于如何取悦他人,如何以缓和语调来应付人,则是他所从未知道的。

但贝多芬有朋友温暖的热情，从那时他得到了安慰，暂时松弛了他的行动，他们变成了他音乐境界的出路。

贝多芬的性情，往往用仇恨代替了平静的态度，如潮涌的愤怒，冲破了他情感上控制的能力，皱眉的容貌表示了内心的痛苦，同时也可以说是对侵犯者的一种挑战。紧握的手掌和下垂的嘴唇，是不会露出一丝笑容的，但他一定会突然地狂笑，一种纵情的笑，也只有音乐才能使贝多芬真实地笑出来。

盲目的发怒，发痴般的狂欢，精神的沮丧等，这都是他常遇到的。他的朋友从他奇怪甚至丑陋的外表上都很明白他灵敏的感触和丰富的情感。他们看到他坦白的举止，对于艺术贡献的纯洁和至诚，容量之宏大。谁明白了他这几点，都会非常爱他。当他们最忠实的朋友之一受到了他的诅咒时，他们知道他在此事之后对自己的行为一定是懊悔的。

一次，贝多芬在写给威多拉的信中说：

最亲爱的！最可爱的！你在我面前所照耀的光线是多么的可厌啊！我承认我没有好好地保持我们的友谊，你是如此的高贵，如此的合乎理想，当我第一次与你相衡量的时候，我觉得跟你差得远了！

啊，我几乎使我最亲爱的朋友感到不快足足有一星期之久！你可想象出我的心里失去了一部分的善意了，但我得感谢上苍！幸而我不是故意地对你做了如此不应该的事，那是我不可缺少的思想力，使我不能看清楚一件事真实的一面。喔！我在你面前感到多么的惭愧啊，不但是在你的一方面，同时也是在我的一方面，在此我仅恳求你重新恢复我们的友谊。

噢，威多拉，我最可靠的朋友，你差不多了解我从幼年时代直至现在的一切。让我为自己说几句话，我时常是善良的，而且常想使我的行为正直而忠诚，否则，你怎会爱我呢？在这一个短促的时期内，我会不会变得很可怕？不可能，这种善良的感觉和真理之爱好，在这一瞬之间不能永远地自我逝去，不，决不，威多拉，我最亲爱的，请你再冒一次险，张开了手臂而接受我，信任你所发现具有善良素质的"他"吧！

我可以保证神圣而纯洁的友谊之塔，用你亲手所建立起来的将永久地保持下去，决不会有意外，暴风雨不会松动了它的基石，我们的友谊坚固永久。一个枯萎消沉而死去的友情又重新升了起来。噢，威多拉，请你不要拒绝这个修好的请求，噢，上帝啊！我又回到你的怀抱来了，请你接受你失去的朋友，你的宽大我将永远不会忘怀。

卡尔·阿孟多1798年到达了维也纳，他是一个26岁刚毕业的神学生，虽然他是忠于上帝的，却是一个极佳的小提琴手，深深地爱好音乐，他热诚地希望贝多芬为他所知道和了解，并且计划如何将自己介绍给他，而他一方面是怕羞的，另一方面又抱着敷衍的态度，只有音乐使他们聚在一起。

阿孟多有一次在一个朋友举行的四重奏音乐会中充任第一小提琴手，当有一个人走过来替他翻乐谱的时候，使他感到恐慌，因为他就是贝多芬啊！第二天他们的主人就问卡尔："你到底奏了什么？你已博得贝多芬的心了！他说你和你的陪奏者使他感到了高兴。"

阿孟多听了之后非常快乐，匆匆地赶到了贝多芬那边，立刻要求贝多芬跟他一同演奏，过了几小时，阿孟多就离去了，但贝多芬一直把他送到了家。

在阿孟多的家里，音乐又再度地奏了起来，直至最后，贝多芬不好意思再待了就准备回家。他对阿孟多说："你想跟我来吗?"

阿孟多答应了，就这样阿孟多又一直把贝多芬送到了家，并且在贝多芬家里一直待到了傍晚，贝多芬才把他再送回家。

就这样，两个人互相的访问经常地保持了下去。因为他们两个人如此经常地聚在一起，甚至街上的行人都认识他们两个人了。如果某一天只看见了他们中的一个人在街上走，那么一定会问另一个人在什么地方。

他们互相信任，彼此倾吐着肺腑之言，音乐这条纽带将他们系在了一起。在贝多芬这方面来讲，很少人能赢得如此伟大的爱慕。然而，一年之后，阿孟多离开了维也纳，回到了他的故乡巴尔海岸的考尔兰特。

曾经是海顿学生的魏什尔·克伦福尔兹在小提琴方面给贝多芬帮了许多忙。贝多芬显然想在这种乐器上多知道一些，但他从来没好好地吸收过它。

有一次，阿孟多想说服贝多芬来拉小提琴，结果使他们两人不禁大笑起来。音乐家法拉特罗斯基、约翰魏什尔·斯德茨和卡尔·史高尔都分别教贝多芬簧箫、号角和笛的结构和乐谱的书写法。

传闻贝多芬在波恩并没有机会学得这些乐器的原理，而且贝多芬所做的是将自己在波恩所学习的更充实、更完美些。

贝多芬真诚地向朋友们学习，当特拉格乃帝在他面前奏了一两个提琴曲，他听完了之后，狂喜得将演奏者和乐器都拥抱在一起，从此以后，他对低音提琴曲也写得更生动活泼了。

即兴的伟大创作

春末夏初的维也纳简直美极了。湛蓝的天空像空阔安静的大海，没有一丝云彩。初春的细雨温柔地洒在人的脸上，也湿润了人们的心田。

就在这美好的、充满生机勃勃的时节，贝多芬举办了他的第一次独奏音乐会。这次的独奏音乐会，是在奥地利国立宫廷剧场举行的。这足以证实了贝多芬的雄厚实力。就在这场独奏音乐会的前几天，贝多芬发表了他的新作品大交响曲。

交响曲往往是代表一个作曲家实力的表现。早已名噪乐都的贝多芬，到30岁才开始发表他的交响曲，所以获得了各方面的热切关注。

这天，维也纳街上贵族们的马车纷纷奔向宫廷里的豪华剧场。衣冠楚楚的绅士、淑女，在辉煌的灯光下兴奋地交头接耳谈论着今晚的演奏。

同以往一样，这次演出取得了成功。可是，这一段快乐的时期并不长久。不久之后，黛莉雅的母亲勃伦斯比克伯爵夫人把贝多芬叫了去。

伯爵夫人语重心长地说："作为母亲，我爱我的女儿，希望她能实现自己的愿望。可是，我无法说服固执的丈夫。他说得也有道理，您在音乐方面造诣的确很高，今天你走红维也纳，可是这声誉到底能维持多久呢？"

贝多芬一时无言以对，脸色变得苍白。从幸福的旋涡中一下子跌入深渊里，他的嘴唇也在不断地颤动。失去黛莉雅，就等于失去了他的幸福，失去了他的生命！

在失去爱情的痛苦中，贝多芬经常沉痛地走出伯爵的府邸，一个人烦闷地在街头漫步。

一天晚上，贝多芬出来散步。他沿着广场一侧步入了一条小巷。忽然一弯新月升上天空。一阵清风掠过，一阵阵时断时续的钢琴声也吹进了他的耳中。

贝多芬侧耳细听，弹的正是他的作品。顺着这琴声他终于来到了一座小木屋门前。在这陋巷里居然有人能弹奏他的作品简直是奇迹。他刚要举手敲门，琴声却突然停了下来，接着传来了一位少女的声音。

"哥，这首曲子对我来说真是难弹极了，我只听过别人弹过几遍。什么时候能听一听贝多芬亲自弹琴，那该多好呀！"

"是啊！但音乐会我们实在去不起。"一个男人叹了一口气。

听到这里，贝多芬轻轻推开门走进屋里。

借着微弱的烛光，贝多芬看见一个男子坐在小凳上缝皮鞋。一个十六七岁的少女，坐在一架破旧的钢琴前面。她穿着一身白色的衣裙，长着一双非常漂亮的眼睛，但眼睛却是盲的。

那缝鞋的男子看见走进来一个陌生人，连忙站起身来问："先生，您找谁？"

"方才听到有人弹琴，不知谁在弹，很想听一听。"

"哦，那是我妹妹在弹琴，她非常喜欢音乐。"

哥哥向妹妹说："妹妹，这位先生想听听你弹钢琴，你弹弹吧！"

少女开始了弹奏，还是那首贝多芬的钢琴奏鸣曲。弹着弹着，突然停下来了，悲哀地说："这里我总是弹不好，要是能听一次贝多芬先生的演奏就好了。"

贝多芬走到少女身边，温柔地说："来，让我试试看。你仔细听。"

少女连忙摸索着站起身来让座。贝多芬坐在琴凳上弹起刚才姑娘弹的那首曲子来。

一曲终了，少女激动地说："先生，您弹得太好了，我从来没有听过这么美的曲子，我觉得只有贝多芬才能演奏出这样的意境。"少女停顿了一下，像在思索着什么。

一阵风吹灭了蜡烛，月光照进了窗子，小屋里的一切都像披上了一层清幽的银纱。贝多芬透过如水的月光，看到白衣少女像一尊大理石雕像一样洁白纯真，令他乐思泉涌，贝多芬微笑着对少女说："为了纪念这个美好的夜晚，我再来弹一曲吧！"

说完，贝多芬的10个指头轻快地在琴键上跳跃，一首新的奏鸣曲诞生了。

贝多芬弹完，少女高兴地问："这是一首什么曲子？"

"还没有命名，你看应该取个什么名字？"

少女认真地想了一会儿，说："我没有看见过月光，我想月光就像这首曲子一样美吧！"于是，贝多芬的《月光奏鸣曲》就这样诞生了。

兄妹俩就在如水的月光下静静地倾听，他们好像面对着大海，看着一轮明月缓缓从水天相接的地方升起来。微波荡漾的海面上，刹那间洒满了银光。那月亮越升越高，穿过一缕一缕轻纱似的微云，来到了他的头顶。

贝多芬弹完了最后一个音符之后，顾不上同正沉醉在乐曲的袅袅余音中的那对兄妹话别，就急匆匆地跑回了自己的住所。因为他要赶快把自己刚才即兴演奏的这首乐谱记录下来，并把它题为：献给黛莉雅小姐。

1802年，在这首奏鸣曲出版的时候，原题为《幻想式的奏鸣曲》。因为有人说第一章好像月夜在海上泛舟，也有人把这首奏鸣曲比喻为"湖畔月色"。

音乐的表现本是抽象的，有个标题去让人想象便容易接受，出版商出于生意上的需要加上个《月光》的标题，结果真的大受人们的注意和欢迎。

这首曲子，被后人称为《月光奏鸣曲》。听过贝多芬作品的人，都知道他那首著名的《月光奏鸣曲》的确充满激情，令人难忘。

然而，两年之后，他所挚爱的黛莉雅小姐听从了父母之命，和一个不到20岁的加路伦彼尔伯爵结婚了。

但是，爱是不能忘记的。贝多芬对于黛莉雅的爱，正如那天晚上皎洁的月光，正如那清新流畅的《月光奏鸣曲》永远不会消逝。

贝多芬是从小缺少家庭温暖的人，他总要在友谊或爱情中去补足。贝多芬只身来到维也纳，凭自己的努力在音乐界有了地位，追求他的女人实在不少。这些女人们不嫌他相貌丑陋、脾气粗暴、没有金钱和高贵的出身，完全被他的天才与音乐迷住了。

贝多芬比一般人更加渴望幸福、渴望爱情。每一次都全身心地投入，但每次都以失败告终。大约最长的一次爱情是7个月。

原因很简单，这些"高贵"的女人们不过是出于一时的兴趣，时间一长兴趣淡了，她们眼中的贝多芬就不值得爱了。

在贝多芬方面，他的要求也是很高的。开始他总是狂热地爱她们，当发现她们并不是他心目中的理想对象时，只好痛苦地离开。一次又一次的爱情上的失败，给他原本充满创伤的心加上了一道道伤痕。

不断追求创新

年轻的音乐家继续充实自己，他是快乐和健康的，从朋友处得到充分的鼓励，因而作品也越来越多。关于他创作的故事，有许多传说。有一次，贝多芬去办点事情，回来的时候，他感到有些饿了，于是，便走进了一家饭馆，他找了一把椅子就坐了下来。这时，他正在思考创作一支钢琴曲，不知不觉中，他抬起手，用手指就在餐桌上敲了起来，就像以往弹钢琴一样。

"咚咚咚，咚咚咚"，这有节奏的弹击吸引了不少人向他看来，他却毫无察觉。就餐的人走了一批又来一批，人们都在私下议论着这个奇怪的人。一个多小时过去了，他还在有节奏地敲着。这时，店老板过来想提醒提醒他，刚走到他面前，他一看店老板来了，立刻明白了这是在饭店里，于是便对老板说："请结账吧，多少钱？"

店里吃饭的人哈哈大笑了起来。店老板看他还不明白人们为什么大笑，就说："先生，您还没吃饭呢！"

"这……哈哈哈哈……"他自己也大笑起来。

回到家里，他就把刚才所想到的曲目记录了下来。

当贝多芬对某种所学习的东西加以仔细的安排以后，所要等待的就是将它印在纸张上，他在1796年送给爱兰诺拉的一首奏鸣曲只有两个乐章，这个例子就表示贝多芬那时还没到自认为满意的地步，但是这两个乐章却是非常美丽和轻松的，它一定能得到欢迎的。

但这种音乐一半像海顿，又一半像自己，若将它放在未完成的第一号作品旁，那就显得夸张、轻薄和不够资格了。

辛姆洛克在波恩从事出版事业，开始于1794年接到几首贝多芬所作的变奏曲，直至 1795 年才从维也纳接到他真正第一号作品，以后又陆续收到一些。到 1798 年，作品号数已增加到"9"了。从这年以后到 1801 年，他将作品交给了阿尔泰利亚。后来受他委托的出版商就更多了。

他的乐谱出版以后，使他更为成功了。到了 1801 年，他的作品号数已到达了 21 号，那就是说他已贡献给大众 12 首钢琴奏鸣曲、5 首小提琴和 2 首大提琴奏鸣曲，8 首三重奏，室内乐的不同组合，许多变奏曲和歌曲，若再加上第十号作品悲怆奏鸣曲，七重奏和歌曲，他所得到的佳誉已是很足够的了。

他作了一曲以后并不立即交给出版商，他想作一首交响曲时，我们可以推测，许怀登极希望他能于短期之内作成一首，并不断鼓励他。贝多芬在 1794 年或 1795 年就将《C 大调》交响曲的轮廓打成，然后加以整理就完成了。

许怀登接受了贝多芬《C 大调》第一交响曲的题赠，这原稿最后在 1801 年到了莱比锡艺术馆馆长的手里去了。贝多芬在 1800 年 4 月 2 日安排了他的演出，让此交响曲与世人作初次见面，这也是他踏入了交响曲境地的第一步，其演出的结果，据一个仅有的报告称是对他相当不利的，那就是贝多芬对新道路的警觉性太缓慢了，他们要作曲者将其重新改过。

贝多芬早期的危机来自一班年老的音乐家，他们都认为这个年轻的孩子太骄傲自大，自以为决不致有错误的天才，而"踏着鲁莽而不正的步履"。

但是他们不知道贝多芬不是"踏着鲁莽而不正的步履"的人，小心的作曲家是一步一步审慎地踏在平地上，而贝多芬能衡量自己的力量，在绝对有把握的时候才会变得有些鲁莽。独断而不正直的批评是不值得去辩白的。

在 1796 年所作的一些歌曲中充满了情感的表示，1797 年钢琴和管乐器五重奏的乐章缓慢，1780年《C小调》奏鸣曲和《D大调》第十号作品悲怆奏鸣曲富有伸缩力，这种作品已成为音乐史上新的一页。

他渴求手指下的琴键绝对地服从他的指挥而发出动人的音乐，他找到了新鲜、引人轻松而有力的高低调和，松弛了几乎断裂的弦线和曲子过长所造成的紧张，这新的音乐便从这里开始了。

贝多芬努力创作，1799年完成了第一交响曲，和第十八号作品6首四重奏，但都带有海顿的作风。他的谨慎是基于尊重莫扎特和海顿所作的交响曲和四重奏的高度成就，在这年轻而有野心的心灵中亦是存有敬畏的。

贝多芬不做不能实现之事，他不可能有凌乱的思想，那时他不过是忍耐地等候着。许怀登不能催促他赶紧完成一首交响曲，在没有得到概念之前，他连一首四重奏也作不出，但灵感一至，就立刻积成了6首。他平常浸融在李希诺夫斯基所举行四或五重奏之演奏气氛中，静听着权威的海顿奏着美妙的音乐。

王子和他的演奏者，曾劝贝多芬试作一些他们想作的东西，当然他们很机敏，不会勉强他，当6首四重奏第十八号作品问世以后，听众对于贝多芬奇异的革新，都认为是天赋的特性，能够立刻抓到音乐之要旨，但还没有充分的自信心。

莫扎特是一个感情极强而富有经验的人，他的《G小调》交响曲和缓乐章是如此动人，贝多芬同他一样，极有判断力，而这正是海顿所缺少的，他写的交响曲不敢越出自己的范围一步，如一只驯服的绵羊，有时他又慢慢地好像去掉了这缺点，热情逐渐发扬。

海顿的作曲是非常美丽的，贝多芬早年时也学习他这种方式，但他却弄得很紊乱，而海顿却从来没有过，贝多芬学不到他所崇拜的大师也是一件可喜的事，因为他找到了自己。

他对崇高的文艺也颇能了解，因为他对这些东西也正需要。学习如何使得音乐的力量能够增强？文学只不过稍微地震醒了贝多芬要做些什么，因为贝多芬"知道的就去建立它"。可能他坚强的信仰力是从幼成长的，无条件地接受了他人之所赐，从来没有一个像他这样正直而未受良好教导的人，能有如此坚强的信念。

第十二号作品3首小提琴奏鸣曲，被称为"过分的难奏"。贝多芬照着自己的步法走着，不为人言所动，执着地走着，那是一种何等奇异而简单的步法啊！贝多芬不需要这些人来评说他的是非，这些人所证明的是：要使世界知道他是一个错误百出的人。

新近出版了两首钢琴协奏曲，并没有受到崇高的尊敬，他又作了一首新的《C小调》协奏曲，仍然没有反响。他开始感到收入短少的痛苦，他不明白自己的危机即将来临。但假使他们能看到他的第三协奏曲，就一定会对《C大调》第一钢琴协奏曲重新进行评价，看法就大不一样了。然而，曲高和寡的现象到处都会发生，当时又有多少人能真正理解这个奇人呢？

贝多芬最大的仇敌，莫如保持传统习惯的莱比锡和各城市，他们仇恨任何超出他们习惯以外的改变。依格那兹·莫斯欠勒斯，一个10岁的音乐爱好者，受到韦勒的警告，不许欣赏贝多芬的音乐。

韦勒就是贝多芬在普拉格斯受教的顽固教师，当莫斯欠勒斯带了一份悲怆奏鸣曲的歌谱到他教师那里去的时候，他大为发怒，严厉地告诫他以后不得再有类似事情发生，告诉他基本训练要从更具体的巴哈和莫扎特或克雷孟特着手。

莫斯欠勒斯却暗中吸收了贝多芬《第一奏鸣曲》，当出版之后，没有钱买，就将它抄下来。贝多芬的音乐就是如此而获得了许多听众，事实终于证明了，少数官方人士的不同意并不能压倒多数的热心者。对于出版商方面，他们之贪得无厌，更证明了大家的需要。

贝多芬此时已巩固了他的名誉，一剧院请他作一首芭蕾舞曲，向玛丽亚·酉丽柴致敬，他就作一首"普罗米修斯"，在1801年3月里演出，效果非常不错，这证明了他是有能力代剧院作曲的，他想进一步与别的作曲家竞争。

如果贝多芬在官方所给他的荣耀面前满足并停滞不前的话，大可以写一些抒情的歌剧，就生活得很满意和轻快，或者继续写一些讨巧的"小玩意"，也可以变得很有钱而成为欧洲每个人心灵中的偶像了，但是他的使命并不是如此，在他缓慢的乐章中又射出新的热情来，那显然是深奥和艰难的处理，神经过敏的崇拜者对于贝多芬的固执会感到失望，他们怎能知道另有一股力量存在于贝多芬刚愎的精神中呢？

他为了艺术的目标而站在谦逊的立场上，他的精神是搜寻和测验。当他的情感发泄到外面来的时候，他就会暴躁起来，将他的精神也转到这一方面去，细察心中之所有而找到更丰满的音调。同时所表现的技巧和展开程度也成为一致化，他也会警觉到有什么重要的东西聚积在身内。"精致"也是他力量的一种解释，将力量膨胀开来，发展成极大的能力。

有人估计：31岁的贝多芬对音乐力量的把持是更坚强而富有弹性了，大大地将人们的注意力吸引到他的一面来，从而称赞他所走的一条道路。

他的幸福是不再继续下去了，他第一年和平而安静的生活终于到了尽头。仇恨、奸诈、阴谋、威胁，破坏了他的计划，最后终于受到它们的攻击而中伤了他一度高傲而兴盛的名誉。

战胜苦痛

我要扼住命运的咽喉,它妄想使我屈服,这绝对办不到。——生活这样美好,活它一辈子吧!

——贝多芬

勇敢面对疾病痛苦

一个人的独居生活，饮食没有规律，再加上工作的辛劳，他的身体有些不好。时常咳嗽，胃痛，看上去宽宽的肩，身材粗壮，其实是外强中干。不过他这个人从不把病放在心上，他还没到为身体担心的年纪。

就在贝多芬踌躇满志，奋力去实现自己的艺术抱负时，一个可怕的阴影向他袭来，几乎断送了他的艺术生命。

大概是1795年或1796年，贝多芬当时26岁左右，那是在一个冬日的早晨，贝多芬像往常一样，起床准备去散步。他刚要出门，忽然两只耳朵听见了一种低沉的"嗡嗡"之声，非常难受。

贝多芬就像笼中的困兽，在门前乱转着。他拼命地用手捂住耳朵，感觉到自己的血液朝着头部涌上来，可是那声音仍在不停地响着，而且好像越来越严重了。

"怎么了，我这是怎么啦？"

贝多芬烦躁地抱着头，冲进了屋里。他努力镇定了一下情绪，开始弹他的曲子，可是他却听不到低音，就是高音也听不大清楚。

"我的耳朵，我的耳朵？"贝多芬发狂一般冲到了医院里。

"先生，不要担心，你可能是得了感冒，我想杏仁油对你的耳病会有疗效的，每天滴4次，用不了两个星期，耳鸣就会消失的。"医生对贝多芬说。

贝多芬当时也这样认为，所以开始他并没有在意，以为休息一下自然会好。然而病情并不像人们预料的那样，过了一段时期，嗡嗡声重又出现了。而且，随着时间的推移，耳鸣出现的频率也越来越高

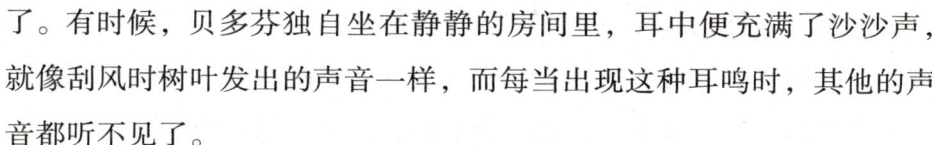

了。有时候,贝多芬独自坐在静静的房间里,耳中便充满了沙沙声,就像刮风时树叶发出的声音一样,而每当出现这种耳鸣时,其他的声音都听不见了。

贝多芬突发的耳鸣似乎是长久侵扰他的慢性痢疾所引起的。他从未跟任何人谈起,除了在医生面前。另一个原因恐怕是洗冷水浴所引起的,改用了热水浴似乎情形能改善些,但是杏仁油和香草油敷在他耳中也没有什么效力,有时乐器较高的声音或隔了一些路就听不清楚了,之后,他的听觉恢复了常态,但是经过了一阵剧烈的肠胃痛之后,耳中的"嗡嗡"声又出现了。

在安静谈话的时候,他会失去音律,虽仍能听出声音,但声音之升降反而给他带来无限的苦痛。时好时坏的听觉,近乎残酷地折磨着贝多芬。这也使得他的情绪变得反复无常起来。

这时贝多芬开始四处求医。有的医生看过后,认为"不是什么大病,可能是用耳过度所致"。

又一个医生问他有过什么疾病,他说得过伤寒,医生就说是发高烧引起的,静养一段就会好些。他说肠胃不好,医生就说治好肠胃耳朵就好了。

反正各有说法,就是耳鸣不见好转,渐渐地由嗡鸣变成暴风雨似的吵闹声,别的声音更听不清楚了。

音乐是听觉艺术,搞音乐不能没有听觉。为什么会这样?俗话说,福不双至,祸不单行,伟大的贝多芬也正在经历着这样的人生不幸。

接着,贝多芬又看了两个医师,医师们各有各的说法。后来,贝多芬又请了一个叫作亨利的名医诊治,却仍然没有效果。对一个音乐家来说,耳朵患了听不到的疾病,当然是一件难受的事情。

他虽然沉浸在不安与恐惧中,但还是抱着一种期望的心理,一听说加尔巴尼发明的电气治疗法治病很好,他便赶忙去找医生。

可是，这种治疗法对他的耳病并没有什么好的疗效。在这个时候，他的弟弟卡尔做了出卖他的荒唐事，这更使贝多芬痛苦极了。

他弟弟把他已经答应给苏黎世出版商的3支奏鸣曲偷着卖给了莱比锡的出版商，目的是拿走这笔稿费。

愤怒到了极点的贝多芬举起了拳头，幸而被学生给劝住了。当然，贝多芬还是依照原来的计划，将乐谱交给了苏黎世的出版商。

还有一个弟弟约翰也常使大哥遭遇困境。约翰的药店生意很不错，生活相当舒服。他把钱借给哥哥后，又不停地逼他还债，很无情。这一连串的打击使贝多芬懊恼不已。

贝多芬耳朵出了毛病之后，不愿意让别人知道。如果这个消息传出去，那对他将来的事业将会是不利的。他把自己整天关在房间里，把自己埋在深深的孤独和痛苦之中。

不久，弗兰克医生又一次接待了贝多芬。这一回，他听完了贝多芬的陈述之后，为他再次做一番详尽的检查。

检查完之后，他严肃地注视着面前这位才华出众的病人，轻柔地对他说道："贝多芬先生，你是一个勇士。在勇士面前，我想我应该是诚实的，对你不该有半点隐瞒。"

望着弗兰克医生那严肃的神情，一张一合的嘴唇，一种不祥的预感涌上了贝多芬的心头。弗兰克取来纸笔，将病情告诉贝多芬。他在纸上写道："贝多芬先生，你聋了。可以说，你已经完全丧失了听力。"

"啊！我的上帝，我聋了？"贝多芬真不敢相信自己的眼睛。虽然心理上已有准备，但此时此刻他还是受到了强烈的刺激。

"是的，贝多芬先生。而且你的耳聋是由于一种遗传性的中耳炎引起的，所以在现在的医疗条件下，治愈的可能性几乎是没有的。"弗兰克医生将贝多芬的病情作了详细的说明。

现实的确是残酷极了。这意味着他再也听不见音乐了，对于一个音乐家来说，简直比死亡还可怕。贝多芬面临着艺术生命的终结。他

忍受不了这种迎头痛击般的灾难，突然他想到了死。

就在他满屋子踱来踱去，寻觅思考自杀的方法时，脑海中忽然涌现了一张张熟悉的面孔：慈祥的母亲、严厉的父亲、涅伏先生等。想到母亲临终的叮嘱，他又放弃了刚才荒唐的想法。

他坚定地叫道："不，我不能这样死去，我要勇敢地活下去！"

痛苦的折磨和巨大的不幸已经在叩门了，可是贝多芬一直努力把不幸拒之门外。双耳日夜在嗡嗡作响，简直如同魔鬼在号叫，不仅搅得他头昏脑涨，甚至连五脏六腑也感到疼痛难忍。

可不能让人发现他耳朵有病，同行里的敌人知道后该有文章可做了。从此，他尽量避免与人交往，忍着痛苦的折磨，还在独自守着这可怕的秘密。为了独自承受和保守耳聋这个可怕的秘密，贝多芬基本上闭门不出，夜以继日地埋头创作。日久天长，他看着五线谱上的音符，就能够本能地想象出明快的声音。

凭借着这种想象力，在孤独寂寞之中，终日沉浸在一种舒适、安详和肃穆的气氛之中，使他暂时忘记了病痛。

可是，不管创作给贝多芬带来多少欢乐，他也不可能忘记自己的病症。耳聋已经是不可更改的事实，没有人能体察出这几年贝多芬内心深处隐藏着的巨大痛苦，甚至也没有人能体察这位巨匠在并不怎么多的沙龙晚会中所发生的变化。

其实，只要是细心的人，深入观察贝多芬的一举一动还是能注意到他的变化。在剧院里排练时，他总要紧挨乐队坐着。因为只有这样，他才能够听清演员的台词。

有些令人奇怪的是，贝多芬在和别人谈话时，大多数人并未发现他的听觉有什么异常之处，因为人们已习惯了贝多芬的那副漫不经心的样子。

经过了一段很长的时间，他的朋友都不知道这回事，因为他们已习惯于他健忘的记忆力，以为他是心不在焉。他去看医生的时候是很秘密的，当医生对他的耳疾完全治愈表示摇头，贝多芬深感到意想不到的烦恼，心中充满了痛苦。

最初他想将一切音乐思念完全加以隔绝，但他内在的音乐力量是如此的激荡和冲动，要拒绝它，跟它搏斗，可是他失败了。在他的四周总像有幽灵围绕着他似的，这已很可怕了，他的自傲从继续不断的怜悯和约束中缩了回来，经过了这么长的时期，他没有告诉任何一个人，直至最后他终于担当不起这个保守秘密的重负了。

苦恼、烦躁不停地折磨他，要知道此时正是他人生的黄金时期，出成果的季节。他拿起一只玻璃杯敲了敲，听不见。弹弹琴，低音听不到。他悲伤极了，像一头困兽在屋子里转来转去。

第二天早晨，出门碰见了一位熟人。那人对他说："早安！贝多芬先生！"

他听得清楚极了，抑制不住自己的兴奋，忙回答说："早安，今天天气真好。"

那人又说了些什么，他只见嘴动听不清声音，他不敢让人家再大声说一遍，只好借故匆匆走开。就在这样痛苦的压力下，1801年，他含泪写信告诉了两位最亲密的朋友，阿孟多牧师和威多拉医生。

他最先告诉阿孟多牧师，那也是很自然的事情，因为他和如此仁慈的牧师都是彼此极为信任的。虽然如此，他还没有告诉阿孟多真实的情形。

6月1日，贝多芬在给阿孟多的信上这样写道：

> 你的贝多芬真是可怜已极。我的最珍贵的一部分，我的听觉，大大地衰退了。当我们在一起时，我已觉得许多病象，我瞒着，但从此越来越恶劣了，还会痊愈吗？
>
> 我当然是如此希望，可是非常渺茫；这一类的病是无药可治的。

我必须过悲惨的生活，逃避我心爱的一切事物，恐怕得在伤心中寻找栖身之处了。我曾发誓从灾难中超越，但又如何可能。

如果6个月内我的病仍不能治好，我请求你丢下一切到我这里来；那时我将旅行，请你来与我做伴，你当不会拒绝吧！

贝多芬自立精神中无望的信念是很奇怪的！谁同他亲近谁就得同他住在一起，站在他的旁边，而代替了周遭社会。那只需要简单的友情，他对威多拉也是如此。

幼年的生活涌到了他回忆之中："我真实，完美而勇敢的朋友"，他这样写道：

请不要相信我已忘记一个我所亲近的朋友，不！总有一天我是希望永久地跟你在一起。我的故乡，当我首次看到了光亮我就觉得其可爱，当我离开你的时候，你仍是这般的可爱和明亮，简言之，我将在生命中最愉快而能看到你的一日，去欣赏这伟大的莱茵故乡。

这一天的到来，我不知怎样去接受它，但是我可向你说：你再看到我的时候，我已是一个长成的男子了。

他得意地叙述他在维也纳的成就，然后转到了他的悲剧：

魔鬼将我带上了困苦的道路，我的健康成了问题，我的意思就是说我的听觉在一年之中已渐趋恶化了。

他告诉了威多拉医生关于他病症的历史，希望能够治愈它，但是结果是悲惨的:"我的身体的确是强健和完好的,只在耳中时常有'嗡嗡'的声响,夜以继日。三年以来,我的听觉逐渐衰退,两年来我躲避一切交际,我不能对人说:我是聋子。倘我干着别的职业,也许还可以,但在我的事业里,这是可怕的遭遇。敌人们将怎么说呢?而且他们不在少数。我常诅咒我的生存,可能的话,我要向命运挑战,虽然我的生命是不长久了。

"若我的情况继续下去,我明春将到你这里来,你可为我在乡村中较美丽的地方租一间房屋。过半年,我将可能变成一个农夫,这或许使我能有一个改变。"

威多拉没有告诉任何一人,甚至爱兰诺拉成为威多拉的妻子以后也无例外。

11月16日他又写了信。感谢他的朋友接受了他的忠告,并报告了病况,他在信中这样写道:

自从生活在人类之中,我觉得更愉快了,你很少知道过去的两年中,我的生活是如何的孤独和凄凉啊,我败坏的听觉像一个魔鬼到处在追逐我,我从人类中避开了去,宛如一个厌世者。

啊!假使我能避去这一个苦痛,我将拥抱整个世界!我将觉得自己的青春正在开始着,而我将不再情形恶劣了吗?从痛苦中我只希望得到一半的自由。等我变成了一个完全成熟的人以后,我将回到你这里来,恢复了我们固有的友谊,你定能看到我非常快乐,不似在此地的郁郁寡欢,不!我不能再忍受了,我要同命运搏斗,他不会征服我的,啊!继续生活下去是多么的美丽呀!值得这样活一千次!我觉得不应当生活得如此平静。

贝多芬现在学到了如何去接受痛苦的现实，他自觉世界上已没有温情了，甚至他最好的朋友，或是一个愿意为他牺牲一切而成为他妻子的女孩，没有人能够帮助他。

面对着的只是一个孤独而寂静的世界，威多拉请他到自己与爱兰诺拉的住所来，但贝多芬回答说："请不要相信我能与你快乐地处在一起，再有什么事可以使我快乐呢？甚至你的关心也会带来痛苦，我无时无刻不想到你对我所表示的情谊，但也不感到一些快乐。"

贝多芬在给朋友的信中还一再叮嘱，为他保守耳病的秘密。他对治疗既失望又抱希望，经常更换医生和治疗方法。他在向命运挑战。此时他特别怀念故乡，虽然童年过得穷苦凄惨，可是那莱茵河畔的小城，是那样美丽、雄壮、温柔，时时牵动着离乡游子的心。

孤独是可怕的，试想不能同外界进行交流，明明听不见人家说话，还得应酬得体，不得不时时提防，事事小心。人们只发现贝多芬听音乐喜欢坐在第一排，平时表现孤独，有些忧郁，脾气更古怪，但没有一个人发现他几乎成了聋子。

耳鸣的打击改变了他的性情，他有时无端地自己跟自己发火。一不顺心不是把墨水瓶掉到琴键上，就是把水泼到床上去；他自己用的东西坏了，不是请人修理，往往是生气地把它们砸碎。头发几天也不梳理，衣饰也不再讲究。究其原因一是他已成名，用不着去适应谁、取悦谁，不管怎样他都是贝多芬；二来就是心境不佳所致。

人们只看到他性情高傲、乖张、与人不能和睦相处这些外在的表现，有谁知道他内心难以忍受的痛苦？人世间对他是太不公平了。

扼住命运的咽喉

黛莉雅离开贝多芬，社交界议论纷纷，无疑对自尊心很强的贝多芬是个伤害。一向坚强的贝多芬，这次却被击垮了。耳鸣已使他心理虚弱，再也不堪一击。

他在日记中这样写道：

你啊，可怜的贝多芬，世界不再给你任何幸福。你必须把所有的一切，从自己的内部创造出来。你只有在理想的世界中去发现你的快乐。

一想到黛莉雅，他的心就翻江倒海似的难过，情绪越来越糟，耳鸣也更加厉害了。失恋也不是第一次，不知他这次为什么这样不能承受。

可是，贝多芬是不可战胜的。1801年6月，他在给好友威多拉的信中这样写道：我时常诅咒造物主和我的生命。普鲁诺克教我要顺从天命。但只要有可能，我就要向我的命运挑战。哪怕在这一生之中，我有可能成为上帝最不幸的子民。

贝多芬正是以扼住命运咽喉的勇气直面人生的。在这孤独的时期里，除了埋头创作之外，贝多芬还阅读了很多的书籍。特别是古希腊传记作家普普塔克所写的那些精彩传记，更让他如醉如痴。可是，失去听觉却迫使他继续过基本上与世隔绝的日子，这不能不使他心碎。他不止一次在内心呼喊着："不，这样无为地打发日子，这不是我贝多芬所选择的生活！"

当医师答应他"若不能完全治愈,至少有所改进"都没有实现的时候,贝多芬又另换了一个医生施米德,施米德叫他住在较静僻的地方,而听觉是可能恢复的。

1802年春,按照维也纳人的习惯,贝多芬到乡村去消夏。这回,他是接受了他的新医生施米德博士的建议,来到了海林根城静养。

从维也纳到海林根城,如果搭乘马车,只需1个小时就够了。海林根城地方很幽静,是一个青山环绕的乡村。到处是宽广的葡萄园。山里有很深广的溪谷,清澈的溪流在山谷里流动着。在那浓荫蔽日的树林里,有一条小路,可通往幽静的村落里去。

贝多芬喜欢在这条小路上散步,到了后来,这条小路就被大家称为"贝多芬小路"。

贝多芬就在这村子的葡萄园里,租了一幢独立的二楼。他很满意这个住处,从房间一侧的窗子望去,越过五彩缤纷的田野,可以看到多瑙河和喀尔巴阡山的美丽景色,这给他那还在滴血的心带来了些许慰藉。

这里没有城市的喧嚣,一片恬静的自然美。他准备在这里住一段时间,遵照医生的嘱咐治疗耳病,还可以让时间去平复失恋造成的心灵创痛。他彻底轻松下来,每天到田野、树林间去散步,到小溪边钓鱼,暂时放弃了乐曲的创作。大自然给了他无穷的乐趣。

贝多芬仍旧没有钻出音乐的圈子,他的朋友常来看他。法朗兹·兰兹也时常到海林根城来接受早晨的教程。

"早晨8时吃过了早餐以后,他会说:'让我们做一个简短的散步。'"兰兹记叙说:"我们一同走,时常至下午三四点尚不回来,而在别的村庄里进午膳,在某日的散步中,第一次给我证明他已失去听觉,我叫他注意一个牧童正在吹笛,吹得很是动听,过了有半小时之多,贝多芬一点也没有听见。为此,他变得极端的宁静和愠怒,平时他快乐的时候似乎是极端暴躁的,但现在不是了。"

西法拉特·柴姆斯加尔对他失去了熟悉的音调和静静的愠怒，或者他跟不上他们的会谈时，假装心不在焉的样子，都不能有所帮助。他们发觉要装作不知道是非常困难的。

他朋友间的谈笑带给了他失望，因为他不能与他们交流，他沉落在世界上一切都是虚构的可怕思念中，他离开了他们，大踏步地回到海林根城的家里去了，音乐的思想比从前更丰富地涌起来了，这具有极大的力量使他能够克服命运，他为这力量而荣耀。

贝多芬写信给威多拉和阿孟多，说他的音乐从多面集合拢来的，它带给他名誉和金钱，他写给威多拉的信中道歉之词绝不是他的长处，而音乐却是另一回事了："我是生活于乐号上的，当我作完了一曲，另一曲又开始了，我现在的工作，常同时作三或四个曲子。"

1802年的夏季，贝多芬大部分时间花在演奏和创作音乐上。有时欢乐，有时愤怒，但大部分时间精神都很好。我们都知道那年夏季的贝多芬与以前俨然不同，但当秋天降到海林根城后，那难以形容的时刻是不再来的了，但再来的将是什么？

悠闲平静的生活冲淡了兄弟们和失恋带给他的痛苦，也使他似乎对人和人生又有了进一步的理解和认识。但是，耳聋的痛苦仍旧死死地缠住他不放，时常将他刚刚获得的愉快心情破坏得荡然无存。

每当贝多芬看鸟儿在枝头欢畅地鸣叫之时，尽管他侧着耳朵仔细地听，所听到的仍然只是那讨厌的耳鸣！

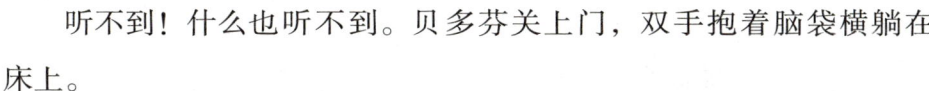

听不到!什么也听不到。贝多芬关上门,双手抱着脑袋横躺在床上。

"我的耳朵,怎会聋成这种样子?"

"那些饭桶先生,为什么就没有本领医好我的耳朵呢?"

疾病的折磨和无法解脱的精神痛苦使贝多芬更加郁郁寡欢。慢慢地,就连海林根城的美丽景色也无法让他轻松起来了。

一天上午,贝多芬和他的学生里斯在乡间路上散步。原野上遍地是野花朵朵,高耸在灌木后面的森林蔚成一片翠绿。贝多芬忽然发现在一棵松树下躺着一只小山兔。它的腹部有很重的伤痕,紫黑色的血水染红了灰色的皮毛。

"老师,它已经死了!"里斯看过小东西,然后贴在贝多芬耳边低低地说。

"是啊!一个活蹦乱跳的生灵就这么死了,这件事看起来挺简单的。"在回家的路上,贝多芬一直沉默不语。

贝多芬一直在想:"唉,上帝,请你救救这个可怜的人吧!难道你不知道我的内心,燃烧着对人生的热爱吗?难道我真的就这样聋着耳朵死去吗?既然是这样的话,那我还是自杀的好。音乐也不能听,仿佛被这个世界遗弃了。这样老是生活在孤独与绝望中的话,我还是死了的好!"

1802年一场秋雨过后,树叶开始凋零。贝多芬一个人孤独地在林中徘徊,陷入了绝望的苦闷之中。从昨天起,他连教堂的钟声都听不见了。贝多芬终于感到问题的严重,对治疗彻底失望了。耳聋对平常人是一部分世界的死灭,对音乐家是整个世界的死灭。一切结束了吧!死的想法涌上心头。

大自然是这样的美妙,可是此刻坐在窗前的贝多芬,却绝望到了极点。已经来这里几个月了,他的病情并没像医生说的那样逐渐痊愈,而是更加厉害了。他沉思了许久许久,终于下定了决心。此时,也好像有一只漆黑可怕的死亡之手,在贝多芬面前威胁着。

后来,他急速起身,在桌旁坐下,提起笔来,开始写遗书。

我的弟弟们:我死了以后,你们两个要和和气气地把我的财产平分,两个人以后要互相帮助地生活下去。所有你们过去对不起我的事情,我都原谅你们。我在祈祷,希望你们能够幸福地生活下去。同时,要好好教育你们的孩子,要他们懂得道德才会使人幸福,而这绝不是金钱所能买到的。

再见!我要和你们分离了,实在伤心!心里一直怀抱着一个希望,那就是我的病总会在某种程度内痊愈。现在,这个希望已经舍弃了我!

这就像秋天的枯叶一样,所有的希望已经消失了!唉,上帝!请你给我一个真正的快乐日子吧!只要一次也好。但是,到什么时候才能实现?到哪一天才能感觉到?不会有,不会有了!这未免太残酷了吧!无须再犹豫了,我已经到了了结我的生命的边缘。

这篇遗书的每一个字,都是贝多芬的血泪凝成的!在遗书中,可以看到贝多芬奇特的内心独白,也可以说是他彻底的忏悔。

写好之后,贝多芬把遗书封好,在信封上写了"等我死后拆"几个字。颓伤地坐到沙发中,盘算着如何迎接死神的到来。生与死的撞击、搏斗,壮烈而残酷。他一动不动地坐着,任感情和理智无休止地争斗。不知过了多少时间,是艺术挽救了他,一想到未竟的艺术事业,一切痛苦都不在话下了。

贝多芬毕竟是贝多芬。他重新站了起来,从心底发出一句震撼世界的名言:"我要扼住命运的咽喉!"

海林根城的"遗书"是长期沉默的结果,他诅咒医生错送他到乡间去，以为这就可以隔绝喧扰的声音，结果反使他的脑中不能长久地安静下来！惨痛的忏悔，也没有解除这个痛苦。

海林根城的居民是爱贝多芬的，出版商经常地印出他的作品，他大部分时间是花在作曲的思想中。细察海林根城夏季中的贝多芬，有人会发现他所得到的是不可思议的丰富，他的记事册上写有第三十一号作品钢琴奏鸣曲，第三十号作品3首小提琴奏鸣曲、变奏曲，但最重要的是第二交响曲就在此地完成了。

这首交响曲从头至尾是愉快的，它的声音稳定，抓住了乡间安静的生活，第一乐章是一种召唤式的，聚积着能力，其中，作曲者运用一种新的力量扩大了罗曼蒂克的抒情主义，这首交响曲在第一乐章中完全显出了乐器的本色。

当贝多芬在海林根城写着他的志愿时："那已是很长的时期了，自从真正的快乐从我的心中回鸣出来"，他忘记了从痛苦的心中所发出的快乐，他发现了音乐中的新天地，贝多芬所作的第三十一号作品3首奏鸣曲更是以前所不及的，也就是这个夏天的作品。暴风雨冲过了第一和第二首，第三首降E长调奏鸣曲，他应用了缓慢乐章，也是非常轻松的。

经过了快乐的夏季，秋天突然地降临了。秋风萧萧，他将他的忏悔文件封在自己的桌中，像人类的知识离他而去，他自己的思想仿佛也随之而去。停滞着的暗淡也好像突然地离开了他。

在11月里，他到了维也纳，周旋在朋友和音乐之间，他教别人课程，接受请柬，一会儿在这里，一会儿又在那边，多时不见的贝多芬好似经过了一个极大的转变。

从他的内部解放出新鲜的生命力量，痛苦、忧郁看起来都已转嫁给别人了。外来灾难带给他内在的力量，一种新而坚定的手法，深切而纯洁的景象，创作交响曲的坚定意识，践踏了失败的软弱的思想。

贝多芬对他新的力量感到大喜，使他明白去攫住人类精神中最崇高的声音，那是一首征服的交响曲，这"征服"二字并不是用在军事上。作曲者经过数月的劳苦已宣布一种无敌的力量，无论什么都不能击溃它，他终于学会了"如何去征服命运"。

贝多芬的一生中，只有这一次绝望。他走出生与死之间的迷谷，平静下来。他把两封遗书藏在箱底，把痛苦绝望化为了忍耐奋发的动力。从此，他进入了创作的高峰期，他的刚毅天性获得了胜利。命运踩不死你，它就跪在你的面前。贝多芬以胜利者的雄姿，在艺术探索的道路上勇敢地向前迈进。

他手上的鹅毛管笔在五线谱纸上"沙沙"作响，《第二交响曲》很快完成了。前两年所作的《第一交响曲》太受海顿与莫扎特的影响，没能表现出自己的风格。这次要打破以往的保守套路，多一些自己的特点。这是一个进步。更为可贵的是在耳疾、失恋双重打击下产生的作品，居然精神充溢饱满，全无颓伤之气。

1803年，贝多芬对他的朋友说："我至今不能满意我的作品，从现在起，我要开辟一条新的道路。"他的这个追求实现在他的《第三交响曲》和自此以后的作品中。

伟大的英雄交响曲

1789年法国爆发的资产阶级革命，震动了整个欧洲。攻占巴士底狱的炮声，使得欧洲各国的封建君主心惊胆战。正在波恩大学旁听的贝多芬曾为此欢欣鼓舞，他希望法国大革命的烈火燃遍整个欧洲，结束贵族、僧侣的黑暗专制。

平民出身的贝多芬，他的心是属于劳动大众的，对贵族始终采取不合作的态度。他高傲，是对自尊和人格的维护，坚持不肯当贵族老爷包括皇帝的御用音乐家。他的老师涅伏在自传中写到贝多芬时，说他"从不在大人物面前转，他恨昏君甚于土匪"。

在维也纳期间，他同法国驻维也纳的外交官交往密切。他的心始终倾向于法国革命。法国大革命后期，拿破仑打败了反动的保皇党，率军纵横欧洲，贝多芬对拿破仑寄予很大的期望。他希望这位比他大1岁的法国人，能成为一个人类的解放者。因为打着"自由、平等、博爱"大旗的拿破仑，的确给专制统治下的人们带来了希望。

这时的贝多芬已经不再隐瞒自己患有耳疾，甚至还公开表露自己已经聋了。他反正是这么样了，人家爱怎么样就怎么样接受吧！由于情绪的转变，对于艺术的热情又高昂起来。

贝多芬蓬头乱发，衬衣大敞。坐在钢琴前，一边弹，一边大声唱，然后兴奋地在谱表上记上只有他才能辨认的音符。

有时他站起身，走到窗前，挥手打着节拍，也不顾窗外行人不解的目光，过一会儿又走回来继续干活。自海林根城插曲以来，贝多芬也认命了，又回到了人们中间。

1803年，贝多芬又举行了一次新作发表会，演奏神剧《橄榄山的基督》和第一、第二交响曲，第三钢琴协奏曲。接着，又参加小提琴演奏会，初次演奏他的《克罗伊尔奏鸣曲》。

这段时期内，贝多芬还搬过几次家。"我并不想享受奢侈的生活，沙龙也好，会客室也好，我都不需要。只要谁也不来打扰我，好让我创作，周围有点树木，附近有个适宜散步的地方就行。"

1804年贝多芬曾向小提琴家克伦福而兹说："我至今不能满意于自己的作品，从今天起，我要开辟一条新的道路。"

所谓"新的道路"，并不是继续走他固有光明灿烂的路，贝多芬抓住了另一个新的力量，反射出他的"英雄"交响曲明朗而奇异的开首乐章，在无数的乐曲中出现了基本而成功的主题。这种将多种力量突然集中在一起的表示方式，他已等候了许久。

1789年的时候，从派驻在维也纳的法国大使那里，贝多芬听到了有关拿破仑的英雄事迹。"拿破仑真是一个杰出的英雄！让我歌颂他的力量吧！他一定会让民众享福的。"贝多芬总是这样赞扬拿破仑，并决心要写一支交响曲给他。

贝多芬日后这样写道："我的习惯是从小就养成的，当我想到了什么，就立刻写了下来。"这就是他找到许多不同革新的源流，偶尔灵感一至，就将主题记入乐谱簿。有许多主题就这样不再继续下去而任其放置着，或者经过一年以后，他会再写下去的，在创作中，他终于得到了第一次的成就。

与这首交响曲最不相称的要算来自科西嘉的军人政治家了。假如贝多芬能碰着拿破仑，与之谈几句话，就会直觉到他是铁石心肠的掠夺者，看不起他虚伪的崇高性了。贝多芬所知道关于他的一切，是被理想主义者说为共和主义的理想人物，受到独裁压迫的欧洲解放者。

贝多芬的理想英雄是一个平民，将他的力量放在人类上，"解放"这两个字在1804年还是很罕见的，贝多芬坚持他的信念，不管他所追逐的是持久的流血和失败的结果，他相信这理想如此伟大，整整地占有了他的艺坛，变成了他的爱国心和宗教信仰，这就是新交响曲的原动力，他是为拿破仑而作的。

经过5年的努力，经过反复酝酿、构思，一部空前庞大的交响乐终于在1804年春天完成了。在追求自由、平等和博爱的渴望中，贝多芬一直把拿破仑看成是可以肩负起建立伟大共和国使命的理想英雄的化身。为了歌颂这位在他心目中的英雄，他决定要把这首交响曲题为：献给拿破仑。为了表示自己的崇敬之情，贝多芬特意准备好了一个漂亮的抄本。上面还写着献给拿破仑的题词，准备由过些天回国的法国大使带往巴黎。

他还在总谱的扉页上工工整整地写上了这样几行大字：

大交响曲

拿破仑·波拿巴

1804年8月

路德维希·凡·贝多芬

交响乐一共4个乐章：

第一乐章，是对英雄事迹的描绘。主题是强大的、有力的，几个简单的音符，活生生地写出了英雄的坚强性格。副题却是柔和的，和主题形成强烈的对比。这一乐章，我们听到了英雄的奋斗，战争的残酷，人民的苦难和失败再奋起的斗争，代表了贝多芬不屈的性格。

第二乐章，是葬礼进行曲。美丽的旋律，深沉的步调，这是英雄的葬礼。人们在悼念英雄的死，怀念英雄的业绩。接着一个温柔的旋律，体现了安慰、抚爱，甚至引起了希望与欢乐的回忆。各种情绪的错综的表现，不断地重复，任何一切都掩盖不住悲伤。最后以小提琴寂寞的独白，结束了这深沉的一章。

第三乐章，是急速的、神奇的音乐从远处快步跑来。开始让人迷惑不解，捉摸不住。直至它跑到面前，才看清是激动的人群在跳跃欢呼。接着"法国号角"吹出一个神秘的旋律，像举行一个庄严的仪式，大家唱出了对英雄的崇敬，也唱出了胜利的颂歌。快乐的人们又用欢呼狂舞结束了这个热烈的场面。

第四乐章，是华丽的，结构也较复杂，洋溢着欢乐和自由的气息，这也许是贝多芬理想的国度。

英雄交响曲的理想英雄主义是自傲的音乐人个人的经验，宛如一部自传，英雄主义是贝多芬自己不屈的精神，将其扩大而大众化。

就在这时，他的学生里斯跑来告诉他拿破仑已经登上皇帝宝座的消息。贝多芬突然一下愣住了，一时脸变得煞白，双手捧住头，仿佛在忍受剧烈的痛苦似的。

"拿破仑做起皇帝来了？这是什么话！他不是说要为民众而战吗？不是在施行为民众谋福利的民主政治吗？这家伙是个大骗子！他想凌驾于万民之上，他会变成一个暴君！可怜的人类啊！"

贝多芬愤怒了，因为他心目中的共和英雄，竟然干出如此勾当。这种背叛革命的行径让他不能容忍。他大声疾呼："拿破仑也只不过是个凡夫俗子而已！现在，他也将践踏一切人权，只沉溺于他的富贵荣华；他将凌驾于众人之上，成为一个暴君。"

总之，贝多芬发了很大的脾气，他走到桌边把总谱的封面撕成碎片，后来改成《英雄交响曲——纪念一位死去的英雄》。

忽然，他心里一亮，抓起交响曲总谱，愤怒地撕下扉页，抓起羽毛笔在墨水里蘸了蘸就在谱上写道：

英雄交响曲

这个抗议性的举动似乎使他的愤怒平息了下来。"唉！世界完蛋了！"他叹息着说，"波拿巴本是一个新时代的希望，是新的盗取天火的普罗米修斯。多可惜，再也没有了，绝不会有了。"他抓起大衣，把高顶礼帽往头上一罩，一直压到了眉毛，把学生扔在房里就一个人出门了。他觉得被人家背叛了，他深感不幸和失望。难道人真的不能升华，刚达到顶峰，又要往下走歪门邪道？

贝多芬在8月24日将交响曲交给了拜赖特夫和哈台尔以后，他告诉兰兹说："拿破仑也不过是一个男子，跟别人一样的。"是的，在这世界上没有一个人有接受"英雄"的资格，没有人促使他这样写，他在乐谱上显然是经过了慎重的考虑才冠以"英雄交响曲"的名称，那是为了纪念一个理想中的伟大人物而作的。

总之，他心目中的偶像破碎了，他这部不朽的交响曲中的英雄不再是拿破仑，而是他心目中理想的伟人，也许就是他自己的化身。

贝多芬在罗白考维脱侯爵那儿找到了依托，侯爵把贝多芬请到了侯爵公馆去。"英雄交响曲，让我买下来吧！我要替你在维也纳举行一次最隆重的演奏会，以表示我对你的尊敬和友情。"

贝多芬当场就欣然接受了。侯爵实现了向贝多芬许下的诺言，就在他自己公馆的大厅里，邀请了贵族和音乐界的名流来参加，另外，还特别邀请普鲁士皇太子来欣赏贝多芬的演奏。

可是1805年"英雄"第一次演奏后，听众又有什么反应呢？交响曲是一个声音悦耳的精致结构，它不是在争论着某一件事，那是从前所不知道的，这交响曲的第一次演奏后立刻就受到了诅咒，他们说："音乐，一定要使我们得到快乐。"第一次听英雄交响曲的人也一定如此说，因为听众们都觉得不习惯，他们也继续地如此说。

第一次演奏的成绩并不好，它经过了许多年的演出，但乐师始终不能摸清其真正的意义，所以总没有很好的成绩。

在以后的20多年中，贝多芬用自己的人生在证明着它，用并不太长久的生命在证明着它，用他毕生的艺术心血在证明着它，贝多芬是不朽的，艺术是永恒的。

《英雄交响曲》中这一英雄形象，是贝多芬本人，也是那个时代德国文化哲学界的精英们的写照。这首交响曲为法国开辟了一条新路，马背上的世界精神之路。

贝多芬知道他们不能理解，这是他灵魂的呐喊，是他在心灵、肉体的双重重创下完成的生命之歌。他对这部作品十分偏爱，直至他晚年，诗人库克奈尔不止一次地问他："在你的作品中，你最满意的是哪一部？"

"《第三交响曲——英雄交响曲》。"他每次都是这样回答。

1805年11月，法军占领了维也纳。拿破仑的军队横行无忌，打败普鲁士之后，东进波兰、俄国，接着占领了葡萄牙、西班牙……1809年又大败奥军于瓦格拉姆，奥皇为了苟安求生，将公主玛利亚·路易莎嫁给了拿破仑。拿破仑此时几乎占领了整个欧洲大陆，野心勃勃不可一世。

对于拿破仑的节节胜利，贝多芬怒气冲冲地说："可惜，我不像懂得对位法那样懂得战术，倘若我能懂得战术，我一定要去打败这个拿破仑。"

1821年，拿破仑在圣海伦岛的囚禁中死去，有人把消息告诉贝多芬。他笑了笑说："我早已为他的下场作了曲，《英雄交响曲》的第二乐章的《葬礼进行曲》不是在17年前就暗示了他的命运吗？"

这不过是一句玩笑的话。他的爱憎始终是同时代、同大多数人的利益一致的。他倾心崇拜拿破仑，是因为他到处摧毁封建专制王朝，给人民带来希望。

当拿破仑野心暴露之后，贝多芬比一般人更憎恶他。在拿破仑垮台之后，封建反动势力在欧洲复辟，在西班牙、意大利、俄国发生了反对复辟的革命起义。贝多芬始终是站在革命者的一边。他痛恨反动的君主专制，追求自由和民主是他终生的目标。

短暂的幸福生活

1805年，贝多芬主要的工作是创作歌剧《弗德利欧》。几个月来，他一直处于紧张状态，内容虽是从一个平庸的舞剧剧本抽出来的，却让作曲家心醉神迷，因为它激发了一些他喜爱的情节：永恒的爱情，反抗暴政的斗争，弗德利欧的丈夫是政治犯，被关在监狱里，于是弗德利欧装扮成男人，潜入监狱会见丈夫。最后获释，万恶的暴君垮台。

不过歌剧这种形式，贝多芬并不熟悉，而且这种体裁的习惯更不容易绕过。必须不断修改，推倒重来，以适应演出需要。

1805年11月3日，拿破仑的军队攻占了维也纳。素以"音乐之都"闻名于世的维也纳，此时成了动乱之都。

许多人纷纷逃到外地避难，全城顿时失去了平日的恬静、优雅，一队队法国大兵从街上走过，令人惊恐不安。皇帝、皇后、绝大部分贵族和政府都逃跑了。群龙无首，民众中间开始感染了恐怖的气氛。

拿破仑的军队攻占了维也纳，贝多芬不愿为他们弹奏，可又无处可去。1805年11月14日，维也纳再度沦为法军占领的城市。过了一星期，剧院不顾一切，贴出海报，宣布上演路德维希·贝多芬先生的歌剧《弗德利欧》。

这就是贝多芬献给爱兰诺拉、后来的威多拉夫人的歌剧。这也是贝多芬开始认识女性美和女性爱的永恒回忆。

虽然歌剧《弗德利欧》照常进行，但剧场空空荡荡，观众寥寥，景况凄惨。批评界对这部新作表示了最强烈的敌意："无论是想象力还是风格，都没有使这部作品在面世时引人注意。"序曲是一段长得要命的柔板，接下来的一段快板同样平庸，使所有听众都觉得乏味。

除去歌剧本身的原因之外，在这种不协调的气氛中演出，不成功也是必然的。熟人、朋友一个个都离开维也纳了，贝多芬何去何从？他也想离开这里，找个安静的地方进行他的音乐创作。他无处可去，只有去附近的乡下。那里也有法国兵，一知道他是贝多芬就要求他给他们演奏，他当然不干，只好再回维也纳来。

事实如此，贝多芬大概也不得不承认这部作品不行。《弗德利欧》演出失败了，他这是头一次真正受挫，一时觉得心灰意冷，精神上更有说不尽的寂寞。

贝多芬只有很少几个朋友还留在维也纳。在他们中间，理解他这苦恼的心境，而在旁边关心他的人，只有李希诺夫斯基侯爵夫妇。

可是为了使贝多芬的歌剧复活，难道不应该先把作品缺陷挑出来吗？难道不能作些大的删改和压缩，以便作品质量得到大幅度提高？再说，随时都可找一支更优秀的乐队，更认真的歌手。

有一次吃晚饭的时候，李希诺夫斯基就走到完全泄了气的作者座位前："喂，贝多芬，这些修改改变不了剧情的进展。"

最后，贝多芬采纳了亲王的意见。

1806年3月20日，《弗德利欧》这部歌剧以崭新的面貌在昂代维安剧院重新上演。贝多芬新写了一支序曲，对其余部分作了大量的修改。这一次，他大获全胜，批评界对他赞不绝口。

然而，在经济上《弗德利欧》却是个无底洞，因为公众不太喜欢新东西，不愿观看这部作品。剧院经理是个叫布劳恩男爵的人，他不该过于明白地让贝多芬感觉到这点，而贝多芬早就怀疑此人对他动了手脚。

"收入这么少，叫我怎么办？生活在战乱年代。"

"包厢不是都坐满了吗？"贝多芬发火了。

"不错，包厢都预先租出去了，可是大厅里却是空的！贝多芬先生，大众，大众才能保证我们的票房收入。"

"我不是给那些平常人写戏的！"贝多芬吼道，"把谱子还给我！我要谱子！"

男爵摇摇铃，一个仆人进来了。

"昨天演的歌剧总谱，拿给这位先生。"

贝多芬一把抢过谱子就走了，一边走一边咒骂整个世界，他发誓决不再写歌剧。

冬天过去，春天又来了。贝多芬在苦闷中收到一封来信。是他多年的朋友弗兰兹从匈牙利写来的，信上说："您来这里度假吧，在这里没有人会来打扰你，你安心地静养、工作吧！"

这封信很及时，正中下怀。贝多芬高兴地接受邀请，立即动身。来到了位于匈牙利的马达发沙庄园小住。弗兰兹是和贝多芬交往多年的好朋友，也是贝多芬曾经爱恋过的黛莉雅的表弟。

弗兰兹一家他很熟悉，自1796年就开始交往。弗兰兹的妹妹约瑟菲还是贝多芬的学生。弗兰兹的母亲勃伦斯比克夫人是个善良的老太太，但非常古板守旧。

每当贝多芬教约瑟菲练琴时，她总是坐在旁边的房间里，把门打开，注视他们的一举一动，生怕女儿有什么非礼之举。

有一天，天气奇寒，北风呼啸，贝多芬冒着风雪按时来为女弟子教琴。不知为什么约瑟菲有点心不在焉，总是弹错，贝多芬发起了牛脾气，一气之下冲出屋子走了。

"先生，您……"约瑟菲见老师外套没有穿，围巾也没有戴，怕他冻着，着急地拿起外套、围巾追了出来，给老师穿上。

因为这件事，她遭到母亲一顿训斥。母亲认为一个贵族小姐这样做有失身份，而约瑟菲却因此更加同情这位不幸的音乐家，爱的春潮在她心中荡漾。偏巧这时她的表妹黛莉雅也来向贝多芬学琴，并很快占领了贝多芬的心，所以她默默地退出了爱的旋涡。

如今，约瑟菲早已经与比她大30岁的戴姆伯爵结了婚。由于伯爵前年已经去世，所以，约瑟菲此刻也寡居在庄园里。贝多芬在匈牙利受到了弗兰兹兄妹的热情款待。

他们一字也没提黛莉雅的事，可能是怕引起贝多芬的不快。她对贝多芬说："不要客气，能住多久就住多久。这里很安静，景色也好，对你的身体和工作都会有帮助的。"

她的话给了贝多芬极大的勇气和力量，他立即爽朗地回答："放心好了，一定会改好的。"

5月的春光，弗兰兹兄妹的关心照顾，使贝多芬心情十分舒畅，连恼人的耳鸣也忘了。他每天走出城堡，在林荫路上、溪水边漫步，进行歌剧的构思，一有所得赶忙掏出五线纸记录下来，晚上回到城堡，弗兰兹兄妹又在等他共进晚餐了。餐桌上有他最喜欢吃的鱼。

贝多芬时常出来散步，他漫步在这让人心旷神怡的空间里，心情格外舒畅，虽然他听不见小鸟的歌唱，但他却能感受到它们的欢悦。他信步从小路步入森林，又从湖边走到山丘。

一天、两天、三天，日子就这样平平静静地过去了，谁也弄不清楚是从什么时候开始，贝多芬与约瑟菲之间的关系发生了变化。很快地，他们彼此都觉得离不开对方了。

一个星期日，用过晚餐之后，大家聊了一会儿就都散去了。月光很好，贝多芬坐在钢琴前面，放平了手指准备弹奏，弗兰兹、约瑟菲坐在他旁边听着。开始他在低音部弹了几个和弦，接着庄严地弹起了巴赫的一支歌，边弹边唱。

这歌声和琴声流进了约瑟菲的心田，爱是不用语言的。她突然感到身体中蛰伏着的一种情感苏醒了，使她不能自制，这夜她失眠了。

第二天早上，贝多芬在花园里见到约瑟菲，两个人止不住地心跳，脸被朝阳映得通红。约瑟菲和贝多芬肩并肩地走出庄园，来到了沐浴着初夏阳光的匈牙利平原上。

两个人在这里沉默了很久，后来，还是约瑟菲打破了寂静。她用一种贝多芬能够接受的细微声音说道："亲爱的，现在，让我们谈一谈未来吧！我不明白，你为什么对自己的婚姻大事总是这样冷冰冰的？"

"我不是故意冷漠，因为现实不止一次地告诉我，在这个世界上，我只有一种权利，那就是在无穷无尽的磨难与痛苦之中，登上艺术的顶峰。"

"那么爱的权利呢？这个权利我想是任何人都无法剥夺的。"

"也没有，亲爱的，因为我的耳朵已经听不见了，我是个残废人，只能任凭命运碾轧着我这颗破碎的心……"

"你不要再说了。"约瑟菲冲动地搂住了贝多芬，"你不要太悲观，我现在要正式向你求婚，可以吗？"

"向我求婚？"贝多芬惊喜地问道。

"是的，我决定做你的妻子。"约瑟菲坚定地说道。

听了约瑟菲的求婚，贝多芬难以置信，难道命运之神真的要降福于他吗？

贝多芬说："以前，我只管捡石子，而没看见路上美艳的鲜花。我真是个糊涂的人。"

约瑟菲听了贝多芬的话，禁不住低头微笑。这一天，他们在宽厚、静谧的大自然的怀抱中待了很久。他们柔情蜜语，订下了终身。

贝多芬几度恋爱都是以夭折告终，这次他总算跨进了幸福的门槛。几天以后，弗兰兹伯爵在马达发沙庄园的城堡中主持了贝多芬和约瑟菲的订婚仪式。

匈牙利平原诱人的风光，马达发沙庄园宁静而幸福的生活，约瑟菲真诚的爱情，使得贝多芬发生了很大的变化。性格忧郁而又内向的贝多芬变得开朗健谈起来，他除了每天都要和约瑟菲一起弹琴、散步外，余下的时间都投入了创作。

爱情是伟大的,她使贝多芬的生活完全改变了。他又开始注意仪表的整洁,对人总是彬彬有礼,甚至他对过去自己曾讨厌的人也能很好相让,表现了前所未有的忍耐。他也开始懂得了如何博得人们的欢心,不再是那么任性和独断专横了。恋爱中的雄狮,连它的利爪也藏起来了。

心情好了,百事顺遂,身体状况也大大好转。他对什么都感兴趣,兴致勃勃充满了活力。在爱情的滋润下,他开始了《第四交响曲》的写作。这次他一改平时一定要打好草稿的习惯,爱的甜蜜混合着创作冲动在胸中奔突,许许多多的美好欢快的音符,从他的心中、手上、琴键上跳出来。

第四交响曲顺利地完成,罗曼·罗兰说他这首交响曲是一朵精纯的花,蕴藏他一生比较平静的日子的香味。不久,贝多芬回到了马达发沙庄园。

在庄园里,贝多芬又过了一段愉快的生活,后来维也纳平静后,贝多芬准备回到维也纳。在他离开马达发沙庄园的前夜,约瑟菲情意绵绵,把一包东西交给他:"这包东西你带上,现在不许看。回维也纳以后又是你一个人了,要好好照顾自己。要按时给我来信,接不到你的信,我会哭的。"

"放心吧,我的天使。感谢你使我成为世界上最幸福的人。"

贝多芬带着约瑟菲的爱,回到了维也纳。第一件事是打开她

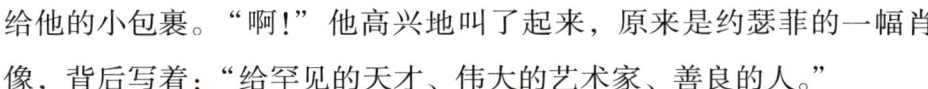

给他的小包裹。"啊!"他高兴地叫了起来,原来是约瑟菲的一幅肖像,背后写着:"给罕见的天才、伟大的艺术家、善良的人。"

为了不辜负约瑟菲的爱,贝多芬全力以赴,写出了一系列震撼人心的作品。

1807年至1808年间,贝多芬完成了第五交响曲《命运》、第六交响曲《田园》,还写了著名的《热情奏鸣曲》,献给约瑟菲的哥哥弗兰兹。

1809年,他把自己的第七十八钢琴奏鸣曲赠给不朽的爱人约瑟菲,这是一首富于幻想和神秘气息的奏鸣曲。

命运总是捉弄我们的音乐家,这段爱情持续到1810年,还是无疾而终了。约瑟菲与已故的丈夫有4个子女,约瑟菲的家人一致认为这4个孩子理应受到良好的教育,并且得到优裕的生活保障。这无疑必须需要他们未来的家庭有很强有力的经济能力,而贝多芬无论从社会地位上还是金钱方面都显得力不从心。

经过长时间的思考和内心激烈的斗争,约瑟菲终于妥协了。母亲的责任胜过了炽烈的情感,虽然二者不能画等号,也不能互相代替,她忍痛割断了与贝多芬的缕缕情思,于第二年的2月,同爱沙尼亚的史特克伯男爵结了婚。

"请您相信,为了尽我的责任,我内心万分痛苦。其实,爱情与亲情我二者都想要,可是现实只能让我舍弃爱情。我是母亲,请相信我,是崇高的动机指导我的行动。"约瑟菲向贝多芬表白说。

贝多芬带着一颗受伤失望的心退阵了。他们解除了婚约,不过分手之后,他们谁也没有忘记这长达4年的恋情。在以后的坎坷岁月中,贝多芬每当看见约瑟菲的肖像,便唤起往日的甜蜜回忆,他的心仍和他第一天见到她时跳得一样剧烈。

有一次,贝多芬的一个朋友去看他。一进门看见贝多芬抱着一幅女人的画像在流泪,口中自言自语地说:"你是这样的圣洁,这样美,和天使一样。"

这位朋友不知发生了什么事情,静静地退了出来。当他过了一会儿再进去时,贝多芬已安详地坐在琴前弹奏,情绪很好。

"我的朋友,今天你的气色非常好。"

"是的。因为我的天使来访问过我了。"贝多芬深情地说。

贝多芬死后,人们在清理遗物中,发现了一个秘密的小箱子,打开一看是3封未发出的情书,没有开头和落款时间,很可能就是给约瑟菲的。还有那幅肖像。

约瑟菲1810年结婚,生活得并不如意。她也没有忘记贝多芬,珍藏着贝多芬给他的东西。贝多芬死后,她每年都去他的墓地献上一束鲜花。

1806年至1810年这4年,在贝多芬不幸的人生旅途中,是较为愉快的时光,也是他创作丰收的4年。

就在贝多芬因为与约瑟菲的分手而踌躇难过之际,又一位女性走进了他的生活。

"我多少次想要放弃她,特莉莎,可我无法把她从我的心中抹去。她让我快乐,由于她的出现,我觉得生活还有阳光与温暖。她让我忧伤,我爱她,可又觉得她离我那么遥远。"贝多芬在给自己朋友的信中说。

贝多芬和特莉莎相识,从那封信中我们可以知道,是经他的朋友古莱修男爵的介绍,在维也纳郊外马尔发戴家别墅里开始的。

最开始,贝多芬并不十分喜欢这位爽朗、洒脱的女子。可是当特莉莎走到钢琴前,坐下来那一瞬间,贝多芬仿佛看到了他那曾经称为不朽的爱人爱兰诺拉。

这一发现,让贝多芬手足无措,他差一点叫出声来,但他还是抑制了自己。在特莉莎美妙的琴声中,他又仿佛回到了那让他刻骨铭心的岁月中。

可是这个特莉莎小姐可不是贝多芬理想中的人,她不大喜欢看书,只喜欢沉浸在上层社会聚会中那种浮华的生活。贝多芬总是想自己的爱情能改变特莉莎,希望她能摆脱目前那种庸俗的生活。

最终的结果只能让贝多芬痛苦极了,他不能改变特莉莎小姐的思想,期盼的幸福随风而逝。贝多芬决定从此放弃对爱情的追求,放弃在他人身上寻找幸福的期待。

贝多芬是一个狂热而又不幸的人。他极易迅速迸发出灼热的感情,而且追求起来就难以自制,但却一次又一次地遭到对方的反对。他的这种强烈的个性和令人难以接受的求爱方式,也是他屡次恋爱,屡遭失败的原因之一。

兄弟间的情谊

转眼间，贝多芬的两个弟弟卡尔和约翰也都长大成人啦！大弟弟卡尔与一个名叫约翰·瑞斯的女子结了婚。作为奥地利国民银行的出纳，卡尔不仅可以自食其力，而且在哥哥与出版商谈合同时还可以给他帮忙。夫妻俩生了一个儿子，名叫卡尔，他的出生，使他们的日子过得更加美满快乐了。

贝多芬也是如此，他既然未能组建家庭，就把自己的满腔热情倾注于弟弟的家庭。贝多芬十分喜爱他的这个小侄子，经常和他在一起嬉戏。此时，他大概不可能预见到，就是这个看上去很可爱的孩子，将给他的晚年带来无穷无尽的烦恼。

至于另一个弟弟约翰，则事业上大获成功，他盘下了一间药房，于是走起路来大摇大摆，一副显贵模样，这就不免引起兄长的反感。约翰给兄长写了一封信，署名为：一些产业的主人约翰·贝多芬，贝多芬回信时署名为：一个头脑的主人L.贝多芬。

1808年的夏天，贝多芬又来到了海林根城避暑，他打算利用整个夏季，将那部早在四五年前就已经动笔了的《C小调交响曲》写完。另外，他还想谱写一部描绘大自然风光的交响曲，他为这部正在构思中的乐曲起名为《田园》。这部曲子气氛平静、纯朴，与前面那部截然不同。

回到维也纳之后，就在贝多芬创作这首田园风光曲期间，战火再度燃烧起来，并且更为猛烈。

炮弹从未在距维也纳城门如此近的地方炸响。贝多芬看到炮弹从城墙上方呼啸而起，有一颗炮弹差点揭去了他的屋顶。于是他匆匆收拾好已经完成的乐谱，还有正在修改的《第五钢琴协奏曲》草稿，暂时搬到弟弟卡尔家躲一躲。

在那儿的地下室里，他缩作一团，脑袋埋在两床垫子之间，以便减轻声浪的冲击。尽管他听力不好，那炮弹的喧嚣还是让他十分难受。

奥地利人只守了一天就投降了，很快签订了停战协定。贝多芬从地下室走出来，再次见到占领军的队伍打着鼓，吹着号，在仍冒烟的废墟上穿行。

这次攻城给维也纳造成了巨大的创伤，房屋开了洞，塌了墙，街上横陈着尸体。食品匮乏，物价昂贵，银钱变水。

尽管如此，贝多芬仍然没有停止创作，这时整日陪伴着他的，是约瑟菲那帧精致的小像。他将他炽热的热情，对人民苦难的深刻感受和坚信民主、自由终将胜利的思想通通化作音符，谱写了一系列以反对拿破仑侵略为题材的音乐作品。

贝多芬的名声如日中天，他已经成为音乐界的第一号人物。可是，他的生活并不幸福。

贝多芬是清高的，他不会为了钱而使自己出丑，更不会为了钱而不择手段，什么事都干得出来。因此，他的生活一直没有优裕过。于是，他常常为了钱伤透了脑筋。

"如果可以专心地作曲，又不用愁生活的话，那有多好。"贝多芬在心里祈祷着。

"要是有一笔固定的收入，就不必去敷衍那些贵族，也不必跟啰唆的出版商浪费口舌，更不用去教那些没有多少艺术灵性的贵族子弟。这些事情已经把时间消磨光了，哪里还能以全副精力专心创作呢？唉，我的耳朵听觉也一天不如一天了，身体也不算好，我的艺术生命还能维持多长时间呢？"他这样思考着。

贝多芬这时正值壮年，作曲的灵感源源不断而来，但就是没有时间好好地写，这不免使他烦躁不安起来。

也就在这个时候，拿破仑的弟弟吉洛姆派人送来了一个请帖，只见上面写着：

> 我们的嘉赛宫廷，想以 600 杜卡脱约合 300 英镑的年俸，请你来担任宫廷乐长。不知道你肯不肯来？至于工作，偶尔在国王面前指挥几次乐团就够了。

贝多芬收到这份请帖时，也正是他开始考虑自己的前途之时。如果他接受了国王的聘任，他的这种愿望就有可能实现。

正在贝多芬举棋不定时，贪图虚荣的维也纳贵族社会突然醒悟到：如果放走了举世闻名的贝多芬，就会使维也纳名誉扫地！正是因为有了莫扎特和海顿，它才成为一座音乐圣城，而贝多芬正是他们的当之无愧的继承人。不管怎么样，非把他留下不可。

于是，在鲁道夫大公爵的倡议下，金斯基亲王、洛布科维茨亲王和大公爵组成了一个财政团体，经过简短的协商后，拿出一笔"名誉常年津贴"，大约 4000 古尔登年金，希望贝多芬不要离开维也纳。

对贝多芬来说，维也纳是他的音乐老家，也是那些了解他，而且一直在支持他的人们所住的地方。这笔"名誉常年津贴"，比起嘉赛宫廷的年俸要少得多。可是，接受嘉赛宫廷的年俸，就得离开维也纳，这是贝多芬非常不愿意的。于是，贝多芬便打消了到嘉赛去的计划。

冬天来了，大地上覆满了白霜，坚硬的雪块在维也纳人的鞋下面被踏得"嘎嘎"作响。12月22日，星期日，这天维也纳剧院上演了一场大型音乐会。这场音乐会的主角便是贝多芬，他将要为听众们义演自己的一系列新作。其中包括《F大调第六交响曲》《G大调钢琴协奏曲》《C小调第五交响曲》以及《合唱幻想曲》等。

音乐会从 18 时开始，直至 22 时 30 分才落下帷幕。因为每次的谢幕都被观众如潮般的热烈掌声所打断。

贝多芬不愧为真正的天才，这一晚上，他极为慷慨地将大批优秀作品展现在了维也纳人的面前。聆听了这些令人耳目一新的杰作之后，几乎所有到场的观众都意识到了，他们可能经历了音乐史上一个非常值得纪念的重要的转折时刻。

1809 年 3 月，贝多芬从大公爵手中拿到了这份契约。这份契约的确展现了维也纳贵族的气度，奥地利贵族也因此在艺术上为自己立下了一座丰碑。它要比靠武力赢得的一切荣誉更能长留于世间，因为他们不向贝多芬索取任何回报，只希望他生时能够居住在维也纳。这样，贝多芬便获得了有保障的自由。

不过，这只是一个短暂的好梦而已。战火又带走了一切。不过，这不能征服贝多芬，他一面和生活搏斗，一面动手作曲。在这段困苦时期，他写了"告别奏鸣曲"等几个乐曲。

维也纳在这一段时期内，一再地被法国拿破仑的军队占领，直至奥地利把公主嫁给了拿破仑，使奥地利与法国联姻，才算安定下来。

1813 年 8 月，联军在德国的莱比锡，将拿破仑的军队完全击溃。于是，维也纳也重新获得了和平。

为了庆祝和平的再次降临，振奋民众的爱国情绪，维也纳邀集了所有的第一流作曲家和演奏家，编成一个管弦乐团，各人演奏自己所擅长的乐器，举行了一次慈善大型演奏会。

这天演奏的曲目，是贝多芬的"第七交响曲"和"威灵顿战胜曲"。由贝多芬担任这个管弦乐团的总指挥。这是贝多芬久别舞台生活之后的第一次演出。

"今天的演出成功极了，恭喜！恭喜！"贝多芬的朋友和学生们都纷纷向他表示祝贺，贝多芬却回答道："其实，我心里并不喜欢颂扬战争、赞美英雄的曲子。这是他们邀请我写，不得已逼出来的！"

热爱和平的贝多芬，不喜欢战争。"威灵顿战胜曲"，到后来被称为"会战交响曲"，不过，他本人并不重视这个曲子。

"第七交响曲"真是不错，那惊心动魄的第二乐章简直让人激动，紧张得连气也喘不过来。那些狂热的观众，接二连三地要求他再演奏一次。

"第七交响曲虽然特别受听众们欢迎。不过我自己并不认为这是我最好的作品。我最喜欢的，是还没有发表的第八交响曲。"

贝多芬对使听众狂热的"第七交响曲"，并不怎么重视。演奏会在维也纳轰动一时，取得了非常好的社会效益。

所以4天以后又继续举行。前后两次，一共收入400英镑。这笔收入，要全部捐献给伤病官兵。

演奏结束后，参加演奏的音乐家，都隐约觉察到贝多芬的指挥，有一些地方不大对劲。可是，大体来说，演奏会还是较成功的。当时听众被感动得简直让人无法用语言表达。

到次年的1月2日，举行了第三次演奏会。接着，又举行了第四次演奏音乐会。这场演出同样是万人空巷，整个剧院座无虚席，连续的几次演出，听众们好像还听不过瘾。那首"会战交响曲"没有一个不听得神魂颠倒的。

这时候，"第八交响曲"也加入了演奏曲目，正如贝多芬所预测的那样，没有像"第七交响曲"那样博得众人的喜爱。一种寂寞感涌上了贝多芬的心头。

这固然与大家还不能理解他的"第八交响曲"有关，同时，我们必须承认的是，贝多芬的指挥与管弦乐配合得有问题。"乐曲中最低音的部分，我已经一点也听不到。我的演奏生涯恐怕没有几年了。"贝多芬清楚地认识到。

尽管，贝多芬这三个字、贝多芬的音乐风靡了整个维也纳、整个奥地利，可是当他一个人独自在屋子里时，就感到一种无法形容的空虚与落寞。在指挥管弦乐的时候，就已经显出脱节的现象，他知道，要他动手去弹钢琴，更不堪设想了。

命运总是让贝多芬处于两难的境地。有人请他弹的时候，他又不能拒绝，因为他要是说：因为耳朵听不见，不能弹了。那么，大家就会认为贝多芬在音乐上已经垮掉了！更会说他已经失去了现代音乐家的资格和称号。在暗地里，有许多双眼睛盯着他的大名，并等候着攻击他以取代他的地位。

贝多芬被邀请去参加军队的筹募基金音乐会的时候，心里虽然担心自己失聪的耳朵，却还是在4月11日那天，在嘉伊撒旅馆的舞台上弹起钢琴来。所弹的曲子，是他专门为路德尔夫大公创作的钢琴三重协奏曲。

在演出的过程中，会场里不断地传出这种交头接耳的议论声："这是怎么一回事？贝多芬的钢琴怎么了……"

"我的天，让人听得受不了。"

"怎么弹出了一阵吵闹声，强音是这么弹的吗？这会儿，怎么一点也听不到呢？"

当然，这些低声细语的批评，贝多芬在台上无法听到，可是他能感受到听众情绪的起伏变化。

他越是心烦意乱，就弹得越差劲。从前，有着高超技艺的钢琴演奏大师，现在怎能变成这样呢？

"钢琴是不能再弹了，再弹只能成为别人的笑柄！我要从钢琴的舞台完全隐退。"话说得再坚决，可是一想到要离开自己挚爱如生命的舞台，他还是痛苦万分，五脏六腑俱焚。

这天晚上，贝多芬趴在钢琴上，整整哭了一夜。自从4岁起，以后的漫漫44个年头，没有一刻不在钢琴旁度过的，现在竟要和它别离？这也许就是永别了。

一个再也不能弹奏钢琴的演奏家，这种悲痛当然不难想象，天下还有比这更惨痛的遭遇吗？

不过这场惨痛以后不久，隔海照射过来一道好像是来拯救他的曙光，那就是巴黎的陷落。曾经那样辉煌的拿破仑，征服世界的野心终告幻灭，被流放到了地中海的一个孤岛上。

贝多芬所作的送葬曲，果真成了描写英雄末日的一支乐曲。

于是，就从这一年的9月开始，各国的皇帝、大臣等显贵政要，都先后赶到维也纳来参加会议。维也纳的热闹情形，不难想象。

贝多芬这一响亮的名字，已经漂洋过海，传到了世界各国。所以，他受到了各国大人物的接见。

"无论如何，一定要趁这个机会来聆听贵国天才音乐家的音乐会。"大家纷纷都向奥地利政府请求。

于是，就在政府的安排下，举行了贝多芬作品专场音乐会。各国的王公贵族、达官政要都蜂拥而至，6000多听众，把整个会场挤得水泄不通！

这是贝多芬一生中最盛大的演奏会，也是他最后的辉煌。曲目包括：《田园交响曲》《第七交响曲》和新发表的《光荣的一瞬》《威灵顿交响曲》等。

每一场音乐会到了终了的时候，热烈的掌声震动屋瓦。大家都感叹："这样精彩的音乐会，还是第一次听到呢！"

俄国的皇后感动地对纳尔锡金侯爵说："这真是了不起的乐曲！今天晚上的音乐会，我将永难忘怀。"

俄国皇后极力赞扬贝多芬，同时还赐给他200金币。这时的贝多芬已经成为世界的顶级音乐家，而且是国际社交界的红人。

演奏会的票房收入较为可观，再加上各国显贵给他的赏赐，让贝多芬的经济问题得到了缓解。但是，这光荣非常短暂，随着各国政要的离去，贝多芬的荣耀也便消逝了。

贝多芬自1816年起，耳朵彻底地聋了，再也听不见任何声音。

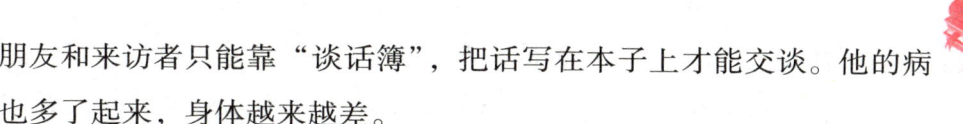

朋友和来访者只能靠"谈话簿",把话写在本子上才能交谈。他的病也多了起来,身体越来越差。

昔日在经济上对他有所帮助的朋友,死的死,走的走,原来爱护他的贵族们许给他的三四千元的年薪,也不能完全兑现了。由于战争连年,物价飞涨,他的基本生活也难以维持了。有时他甚至困难到皮鞋坏了没有钱买新的、因而不能出门的地步。

这时候,维也纳贵族们对音乐又换了口味,贝多芬不肯作迎合他们口味的音乐,自然他们也冷落贝多芬。贝多芬表示饿死也要追求自我,创作真善美的音乐。

为了生活,他不得不拼命作曲,找出版商出版。他因耳聋又不会谈生意,只好委托弟弟卡尔去办。卡尔是个懦弱的人,事事听老婆约翰·瑞斯的,老婆每次都让他从中克扣许多。小弟弟有些积蓄,可他又吝啬成性。贝多芬向他借一点钱,他就像高利贷者一样上门讨要,全没有兄弟之情。贝多芬想起把他们养大,为尽长兄之责,他付出了多大代价啊!他真是伤心极了。

1815年冬天,贝多芬收拾好行装,起程去欧洲巡回演出。就在他即将踏上前往英国的路途前夕,突然收到了弟弟的来信。

卡尔在来信中写道:

亲爱的哥哥,我已经病入膏肓,请你尽快赶回来,或许我们兄弟还能见上最后一面。另外,我还有事情要托付给你!

接到信后,贝多芬心急如焚,他决定立即改变行程,连夜赶回波恩。当他回到波恩家中见到卡尔时,不禁大吃一惊,只见卡尔面色苍白,神态憔悴,呼吸很费力,咯血不止。他患上了非常严重的肺病,已经奄奄一息了。

"谢谢你,哥哥,你到底是回来了。"看到贝多芬,卡尔痛苦的脸上露出了一丝欣慰的笑容,他握住哥哥的手,上气不接下气地说道。

忍着病痛,卡尔气愤地告诉哥哥,此刻,他的妻子正在外面和别的男人鬼混。许多年过去了,她一直都这样。现在,自己病得快死了。可她还是这样。

"唉,我快不行了。可是,我的小卡尔怎么办呀?跟着这么一个不尽责任的母亲在一起生活,他肯定要堕落的。我只有这么一件心事,如果这事不办好,我就是死了也闭不上眼呢!"卡尔说看,一行混浊的泪水扑簌簌地滚出了眼眶。

"卡尔,你不要难过。"贝多芬轻轻地为弟弟拭去了眼角的泪,安慰他说,"现在,你一定安心治病,什么都别想。我已经回来了,你就放心吧!一切都会好起来的。"

"你不要再安慰我了,我知道自己的病。"说到这里,卡尔就从枕头底下取出一封早已写好的遗书,交给了他哥哥。

遗书是这样写的:

我指定我哥哥路德维希为我孩子的监护人。

我所最尊敬的人是我哥哥,他以兄弟间真挚的感情一再帮助我。

从今以后,我也希望哥哥本着这副仁厚心肠,照顾我的孩子卡尔。

我深信我的哥哥,一定会照顾好他的。

贝多芬读完弟弟的遗书后,又紧紧地握住卡尔的手:"卡尔,你放心好了,不管怎样,你唯一的孩子小卡尔,我一定会尽力抚养他的。我会把他当作亲生的孩子那样爱护他!"

在卡尔苍白、瘦削的脸上浮起了一层安详与感激的微笑,他就这样离开了人世。

尽管贝多芬与自己的这个弟弟有过一些不愉快的往事，但是贝多芬想起自己的家庭，自己与弟弟的许多往事还是非常感动，特别是想到自己是弟弟死后最信任的人，他把身后的一切事情都交给了自己的时候，更是非常感动。

所以贝多芬在安排好弟弟的后事之后，就下定决心，一定要好好地抚养弟弟的儿子小卡尔，他感到只有这样，才能对得起弟弟的嘱托。不过这也不是简单的事情，因为小卡尔的母亲还在。

小卡尔的母亲是一个非常放荡的女人，对于家庭非常不负责任。正如弟弟所担心的，她是不可能给小卡尔一个真正的家庭环境的，跟着她的话，恐怕将来只能是走向堕落。

想到这里，贝多芬就找到了弟弟的妻子约翰·瑞斯。他本来想，既然这个女人平时就不太关心弟弟和儿子，那自己带走小卡尔应该不是什么问题。然而贝多芬想错了，她不会这么轻易地放走自己儿子的，她还想从他身上得到一些物质利益，怎么能够让贝多芬这么随随便便地带走呢。

所以当贝多芬找到小卡尔母亲，并表示自己想带走她的儿子时，约翰·瑞斯立即表示反对。于是贝多芬耐心地向她进行解释，提出跟着她生活只能让孩子受苦，而且不能接受到什么良好的教育。而且拿出了弟弟去世时写的遗嘱。

"不行，你要是敢带走小卡尔的话，我一定会和你打官司的。"约翰·瑞斯这样对贝多芬说。

虽然困难不少，贝多芬还是不忍心把孩子送给他母亲。卡尔的母亲为了夺回孩子，就向法院提出诉讼。

经过长达5年多的诉讼之后，贝多芬终于取得了胜利。法院判决赋予贝多芬对卡尔的监护权，并根据贝多芬的要求，规定卡尔今后完全由贝多芬抚养，不经他的允许，卡尔的母亲约翰·瑞斯不得擅自同卡尔见面，更不能随便将他带走。这一年，贝多芬已经50岁了。

"哼，走着瞧吧！这件事还没完呢！"散庭时，约翰·瑞斯恶狠狠地对着贝多芬说。

对此，贝多芬只是淡淡一笑，昂首阔步地走出了法院。

就这样，14岁的小卡尔终于属于贝多芬了。

近50年来，命运总是将不幸与孤独带给贝多芬，使他孑然一身。现在忽然有了卡尔，他感到一种从未有过的欣慰与幸福涌上了心头。他精心地培育这个生命，使小卡尔获得了幸福，获得了父爱。

贝多芬领着小卡尔回到维也纳之后，便为他请来了保姆、家庭教师。但由于贝多芬没有足够的经济能力支付这些费用，只好把小卡尔送进了寄宿学校里。

小卡尔非常喜欢这个新的环境，学习勤奋，事事听从学校老师的话。每到周末，贝多芬就把他接回家里，辅导他学习弹琴、作曲。

承担了卡尔的抚养和教育之后，使得本来经济就不富裕的贝多芬经济情况越来越贫困，为了多赚一些钱，他不得不时常以较低的价钱向出版社出卖自己的乐谱。

其实，凭借贝多芬的名气，他如果写一些迎合世俗情趣和需要的曲子，是会大大地挣上一笔钱的。然而，贝多芬那追求真、善、美的灵魂却不允许自己那样做。

在经济与生活的重压下，贝多芬仍以他那惊人的毅力和卓越的艺术才能，继续创作了第一零一、一零四、一零六、一二零以及著名的声乐套曲《致远方的恋人》等。

日子在一天天平静地逝去。他什么也听不到了，也无法再掩饰下去了。面对这样一个残酷的事实，贝多芬感到非常痛苦，但还是鼓起了勇气，正视现实。

他无论走到哪里，都准备一个笔记本和一支笔，时刻都放在自己的衣服口袋里，用它和别人交谈。起初，贝多芬还不大适应这种交谈方式，但是，时间一长，他也能以全部精神来适应这种苦难了。

一天，贝多芬来到学校后，校长告诉他说："约翰·瑞斯这些天经常来看卡尔，他们母子在一起看上去很是亲热。"

贝多芬十分清楚，要想割断孩子与母亲的联系十分难。但还是希望孩子少受不良母亲的影响，他尽量安排好自己的时间几乎每天都去学校看卡尔。每逢学校放假，他也总是早早地把卡尔接回到自己家中，并挤出时间陪卡尔聊天和做游戏。

贝多芬为卡尔的成长可谓费尽了心力，花费大量的金钱和宝贵的时间，但不争气的卡尔还是让他失望了。

不久，据校长反映，卡尔在学校里不好好学习，自认为自己是音乐家的孩子，不仅目中无人、自高自大，而且还纠集一些社会青年一起吸烟、酗酒、追女孩子。

听了校长的汇报，贝多芬惊愕了。卡尔难道会像他的爷爷那样？不行，绝对不行！贝多芬立刻感到一种父辈的沉重的责任感压在自己的肩头。他立即决定把卡尔接回到家里，亲自教育他。

从寄宿学校回来后，卡尔表面上接受了贝多芬的教育，但是从心里讲他不愿意接受伯父对他的管教。

一天，贝多芬看着卡尔，拍拍他的肩头说："我要你在这儿永远快乐、永远满意、永远幸福。没有人像我这样喜欢你。"

卡尔用奇怪的目光瞥了一眼贝多芬，然后一个字一个字地写道："可是，我妈妈也很喜欢我！你为什么要把我和妈妈分开呢？"

贝多芬一下子醒悟了，他才明白自己在卡尔心目中的位置已受到了母亲的挑战。

一天，贝多芬去音乐出版社商谈乐谱出版的问题。趁此机会，约翰·瑞斯奔向他的住宅。卡尔出来开了门，母子两个人立即亲热地拥抱在一起了。

母子俩热烈地谈论着，这时，卡尔向母亲告状说："大伯他不让我喝酒。"

"老疯子,他怎么还不快点儿入地狱去!"约翰·瑞斯咬牙切齿地咒骂着贝多芬。

母亲走后,站在窗旁的卡尔忽然惊叫了起来。原来,贝多芬在刚才去出版社的路上,忽然腹痛难忍,才决定先不去出版社了,赶快回家歇一会儿。一进家门,他就闻到屋子里有一股以前从未有过的香水味儿。

"卡尔,刚才有人来过了?"

"没有啊!"卡尔非常坚决地说道。恰在这时,贝多芬看到了窗子旁边小桌子上面有一只黑色手套。

贝多芬拎起手套,走近卡尔,追问道:"快说,谁来过了?"

卡尔无奈之下,只好说出了事情的真相。

母子亲情是人间最宝贵的感情。但是,贝多芬不希望母子见面,是不希望这对母子经常相见而导致卡尔走向沉沦啊!

贝多芬默默吞下药片后,心里面非常难过。他悲伤、气愤,他忽然觉得周围的人们都在愚弄自己、欺骗自己。因为他在这些人眼里不是音乐家,而只是一个聋子。

晚年生活

我的艺术应当只为贫苦的人造福。啊,多么幸福的时刻啊!当我能接近这地步时,我该多么幸福啊!

——贝多芬

进行艰辛的创作

贝多芬的创作过程十分艰辛，构思起来如醉如痴，曾被当成流浪汉抓了起来。贫困、独身、耳聋给创作带来了不利影响，他还是战胜了它们。

只活了57岁的贝多芬，给我们留下了300多件光辉的作品，其中包括9部交响音乐，而且大部分是在耳聋以后所作。我们不能不佩服他非凡的天才、超人的毅力。

比起天才莫扎特来，贝多芬作起曲来则是极其艰辛的。他慎重地落笔，每一个音符都要反复斟酌才定下来。写好之后改了又改。

现在保存下来的一首四重奏的乐谱草稿就有一大堆。仅第四乐章的开头一段，就有6种，全不一样。歌剧《弗德利欧》中男主角的一首独唱，他前后写了18稿，真是一丝不苟。

最有意思的是门德尔松曾在他的一份手稿中，发现一页五线谱纸上有一处贴了12层小纸片，他一一揭开，谁知第一次写的音符，竟然和最上面的一层的音符一样，就是说他反复改了12次，发现还是原来的好。

每次作曲，他都必须先写草稿，反复修改，直至认为满意为止。在他的草稿纸上经常可以发现这种类似批语的句子：

"这个不行，我所追求的比这个要更好。"

"这也不行，还不够好，应该更明朗。"

"这个太柔和了。"

对于崇高、完美的追求，必然使他陷入痛苦，达到了便充满自信，没有达到便失望而大发脾气把稿纸撕掉再写。但他从不放弃追求，半途而废。

他的朋友、学生们，摸熟了他的脾气，这个时候一般不会打扰他，免得尴尬。他也有不打草稿的时候，不过只有一次。那是他在约瑟菲的家里创作的《第四交响曲》，大概是刚刚订婚的喜悦，加上约瑟菲的细心照顾，使他进入了创作的最佳状态。

一首乐曲的构思过程，有时长达几年。他一旦捕捉住头脑中闪现的音乐形象，便不顾一切地牢牢抓住，几乎像追捕逃犯一样。有一次，贝多芬和他的一个学生一起散步，途中他头脑里闪现出一个构想，正是他目前创作《热情奏鸣曲》所需要的，为此他已苦恼多时了。他不再讲话，口中不时发出高低的声音，时而又自言自语。他的学生很奇怪，问他："先生，您在干什么呀？"

"我找到了最近要写的终曲的主题。"贝多芬兴奋地说，边说边快步地往回走。

学生和他一起进了屋子，他帽子也不摘，直奔钢琴，坐下来就弹，似乎是忘了一切。学生是来练琴的，见先生只顾弹琴也不理他，就坐到屋角的沙发上等着。好长时间，贝多芬才从音乐境界中醒来，发现了他的学生，惊奇地问："你是什么时候来的？"

他虽然独身一人，慢慢也形成了一套生活规律。每天一早起来，亲手磨好定量的咖啡，然后伏案写作，直至午后二三时吃饭。上午的写作中间还穿插一次户外散步。

所谓的散步，不过是他工作的另一种形式而已，他利用散步在头脑中整理他的音乐素材，或是在外界环境的诱发下找到创作灵感。一旦灵感来了，不管何时何地，都急忙从满是皱褶的上衣口袋里取出草稿纸，把头脑中涌动的音乐思潮记录下来。

日积月累，这些草稿纸就成了他的财富。贝多芬很像我们唐代的诗人李贺，李贺每天骑着毛驴，背上一个旧锦囊到处走，每有佳句便写下来装入锦囊，到晚上回家再一一整理。

贝多芬可以说是对音乐入迷得成疯魔了。一天，他清早起来，就开始了一首乐曲的创作，慢慢地沉醉其间，进入了忘我的境界。接近中午时突然遇到了障碍，怎么写也不理想。他穿上了破旧的大衣，带上草稿纸，去外面寻找灵感。

天下起了小雨，他还在走，无目的地走着，有时停下来，用脚打着拍子，唱了起来。他不知走了多远的路，此时已到了维也纳郊外。一个警察发现了他，见他穿着破旧的大衣，乱蓬蓬的一头花白头发，胡子有半寸长，目光呆滞，自言自语也不知在说些什么，这位警察起了疑心，走上前来问贝多芬："先生，您要到哪里去？"

贝多芬理也不理，因为他一句也听不见，根本不知道是在问他。他被警察当成流浪汉带到了警察局。局长耐心地盘查一番，贝多芬答非所问，后来干脆不理他们，继续他的音乐构思。

警察局里有一位听过他的演奏，告诉局长说："他可能是贝多芬。"

"贝多芬？名字好熟啊，他是干什么的？"局长歪着头左想右想。

"是个大音乐家，经常出入宫廷的，连太子还曾是他的学生呢。"

局长感到了事情的严重。可是谁也确认不了他到底是不是贝多芬。还是局长想出个主意，他让一名警察马上去请一位音乐家来。

音乐家来了，把贝多芬领走了。警察局局长说了许多道歉的话。贝多芬也没有难为他们，只是怪他们影响了他的构思。艺术创作是件艰苦、复杂的工作。音乐又是"艺术中的艺术"，它的创作更需要有一个好的创作环境和一定的物质条件。

贝多芬首先碰到的是贫困，尤其是到了晚年，衣食不济，常常要为生活发愁，几乎弄到形同乞丐的地步。他也没有一个长期安定的创作环境，几次因琴声扰人休息被赶了出来。

66次的搬家，包含了多少辛酸。贝多芬为克服这些不利条件的干扰，不知空耗了多少精力。再有精神生活方面，他没有家庭，尽管他一再哀叹："爱情，只有爱情能使我幸福。神啊，请让我遇见一个可以引导我走上坦途的、能真正属于我的女性吧!"然而一个个女性负他而去,留给他的是一生孤独。没有爱的生活,不能不影响他的创作情绪。

最为致命的还不是贫穷、孤独,而是耳聋。耳聋之后,整个听觉世界与他无关了。他听不见别人的音乐,自己创作的乐曲也听不到,全凭内心感觉创作,这恐怕是任何音乐家不大可能做到的。

耳聋之前,他的作品不多,主要以演奏出名。一些不朽之作,多产生于耳聋之后。他的作品是伟大的,他在创作上严肃的态度和顽强的拼搏精神,也是感人至深的。

1822年11月,贝多芬的歌剧《弗德利欧》,决定要在克伦脱那德耶剧场演奏。这件事使他很兴奋,在公演之前举行彩排演习,贝多芬要求亲自指挥总排练。大家出于对他的敬重,都愿意配合好,期望他成功。但是从乐队指挥到每个乐师,对于由一个聋子指挥这样一出歌剧心里都没有底。

贝多芬登上了指挥台,他的朋友黑特莱在他的旁边助阵。奇迹出现了,序曲进行得非常顺利,没出差错。谁知到了有二重唱的部分,管弦乐队虽然听从他的指挥,而歌唱演员却唱得过快,出现了脱节。贝多芬自然听不见出了问题,仍然全神贯注地进行指挥,造成一片混乱。

让人们惊讶的是,贝多芬的指挥棒,简直是在那里乱比画。歌唱演员、管弦乐团,也都乱作一团。由于歌唱与伴奏不能配合,歌唱演员一时手足无措。

贝多芬就发起火了,跺着脚大声怒吼,像一头咆哮的狮子。他在跟自己咆哮,他要战胜自己。贝多芬在跟自己较劲,又把他手里的指挥棒舞动起来。可是,歌调和曲子还是总也配合不好。

乐师们为了补救,便自行中止演奏,然后再重新开始,结果还是不行。演奏与歌唱演员只好停了下来。贝多芬从人们的表情上看出了问题,但他不知道问题出在哪里，他焦急地问黑特莱："出了什么事吗？"

人们沉默着，不敢看他的脸，人们不忍心看他再遭受精神上的打击。他够不幸的啦！

舞台上的人们都了解，贝多芬的耳朵，已经完全不听使唤了。什么声音也听不到了。大家都觉得，必须向贝多芬说明情况，让他面对他自己。

"你已经不能再担任指挥了！"可是，这不免使贝多芬伤心，谁都不忍心这样去告诉他。

贝多芬还站在指挥台上，并没有甘心，他想再来一次。不过当他看到大家的表情时，心里已经差不多明白是怎么一回事了，于是就叫他的学生黑特莱来到他身边，把一本用作交谈的便笺交给了黑特莱。

黑特莱来到他身边，犹豫再三还是把实情告诉了这位可怜的朋友，他在"谈话本"上写下了一行字："务请别再指挥，详情归家后再告。"

贝多芬看了条子，脸色发白，颓唐地说："好吧，黑特莱，我们回去吧！"

贝多芬一看到这句话，就立刻从剧场里狂奔回家。

黑特莱非常担心老师，就一直追到家里，只见贝多芬一回到屋里，就倒在床上，双手抱着头，痛苦地呜咽，许久许久一动也不动，他完全沉入痛苦与悲哀之中。黑特莱知道，这时候任何劝慰对他都是无用的。

虽然这不是一次公开的音乐会。可是，贝多芬挥舞指挥棒与音乐倾心交谈，这却是最后一次。

《弗德利欧》的公演，在11月3日的夜晚隆重公演了。可是，音乐会上却没有贝多芬的影子，没有他那挥洒自如的指挥。

"钢琴不能弹了，指挥棒也不能拿了，所剩下的就只有创作了。"贝多芬痛苦地喃喃自语。

他在写给他的好朋友威多拉的信里，曾有这么一段感人肺腑的话：

> 我要不是曾从一本书里面，读到了这么一条格言：一个人，只要还剩有一分可以替人世工作的力量，绝不可胡乱毁弃自己的生命。那我早已离开了这个世界了。

他一再不停地想要自杀。可是每到真要寻死了，总会想到自己还可以作曲，便打消了自杀的念头，继续写他未写完的大乐曲。

这一时期，贝多芬接受了医师的劝告，在温泉地区疗养，同时，他以全部精力投入了创作。他用了6年的时间，在1824年3月完成了一部在天主教仪式中使用的弥撒曲《庄严弥撒》。这是为他的恩人、荣任奥尔密滋大主教路德尔大公精心创作的。

"经过不懈的努力，总算把这部弥撒曲完成了！"贝多芬实在累极了。

"恭喜你！"黑特莱恭贺他，可是贝多芬一点也听不见了。只是把那感谢上帝的虔诚眼神投向远方，喃喃地说："早在波恩担任教会风琴手之时，我一直梦想自己能创作一部庄严的宗教音乐。我的艺术，既不是知识，也不是情绪，而是我的终生信仰啊！"

"许多音乐家们都写过弥撒曲了，可是，许多年了，还没有一部能比得上巴哈的《短调弥撒》的。但是，我的《庄严弥撒》是最棒的。"贝多芬对自己的作品充满着自信。

黑特莱非常清楚贝多芬为这部作品作出的努力。这个作品他花了4年时间，以和平、安详作为乐曲的主题。如何把它传播于世呢？他和他的朋友黑特莱多次商量，最后决定采取预订的办法，由各国宫廷预订出版。可惜预订的数目太少，只有普鲁士王、撒克逊王、路易十八、俄皇等订了10部。

这可使贝多芬着急了，他已支付了不少抄谱费用。他想向魏玛大公爵推销预订的总谱。这件事只有求歌德出面对公爵进言，才有希望。因为歌德曾任过魏玛公国的宰相，深得大公信任。

可是上一年贝多芬曾将《大海的寂静》和《幸福的航程》的总谱寄给歌德，但没有回音。为了生计，他也顾不得许多，硬着头皮又写信给歌德，信写得很长，几乎是在乞求，然而歌德没有回信，他白白盼望了许多天，也没能得到魏玛公爵寄来的订单。是歌德没有向大公进言劝他订购贝多芬的总谱，还是大公不肯订购，不得而知。

另外一部是《第九交响曲》，1815年开始写草稿，他决心要创作他所有作品中最好的一部乐曲。他把著名诗人西拉的"快乐颂"搁在最后，好使这部作曲可以合唱，又可以保持交响曲的风格。

这一年《第九交响曲》又完成了，他很满意，这是他在凄苦晚年的代表作，一生艺术生活中的又一个高峰。《第八交响曲》完成于1812年，这中间竟有11年的间隔。

实际上《第九交响曲》在他的心中已酝酿很久了，早在波恩的时候，他就喜欢席勒的《欢乐颂》，想把它写成音乐，他要歌颂欢乐，想把这歌唱作为他一部大作品的结局，至于采用什么形式，放在哪一部作品里，他一直犹豫着。直至《第九交响曲》完成，他还想把合唱抽出来，放进将来的第十、第十一交响曲里去。

《第九交响曲》共分4个乐章。第一乐章开始于一个空洞的神秘的和弦，接着一个威严的主题由小提琴带出，以万马奔腾的气势，展开一些惊心动魄的场面。

第二乐章是一曲急速的"谐德曲"，活跃的节奏进行中有定音鼓的助兴，构成一种无比欢乐的景象；中段两拍子的快板，木管乐器的旋律，又像是大自然的歌声。

第三乐章的慢板是以两个性质不同的旋律交互变奏出现：是美，是缠绵，是幽思，它包含着极其复杂的情感。

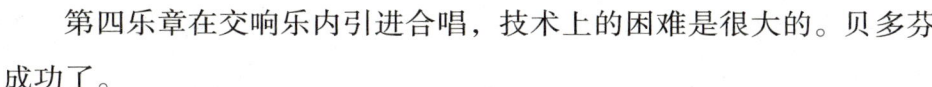

第四乐章在交响乐内引进合唱，技术上的困难是很大的。贝多芬成功了。

席勒的诗句充满了民主与共和色彩，颂扬欢乐、友爱，这都是贝多芬一生渴望而未能实现的，对他尤有共鸣作用。在这首交响曲中，他把过去在音乐方面的成就作了一个综合，也开创了不同于前8首交响曲的新路。用欢乐的颂歌，带给人类生命的尊严、自由与和平。

也许《第九交响曲》是音乐史上最长的一部作品，演奏起来，需要80分钟长的时间，从长度上就够伟大了。另外，《第九交响曲》也是贝多芬在艺术上的一个大胆尝试，他把合唱与交响曲融合成一体。因此它被称为"合唱交响曲"。

这部交响曲，是贝多芬在悲哀的命运中，在生活的苦闷中以及许多挫折中，第一部充满庄严与喜悦的胜利的大乐曲。

总谱完成以后，贝多芬曾打算首先在柏林上演这部新作，因为他觉得，维也纳人此时正迷醉于罗西尼的那些充满了轻松气氛的乐曲之中，而柏林人也许会更理解他的艺术。

但消息一经传出，维也纳的一些艺术爱好者和资助人立即联名给贝多芬写了一封措辞诚恳的信，信中说："虽然您的名字及其作品属于整个人类，属于任何一个崇尚艺术的国度，然而奥地利有权首先将其作为自己的财富。

"奥地利人并未忘记，在故乡的怀抱中，海顿和莫扎特已创作出流芳百世的杰作。他们也欣慰而自豪地意识到，在祖国神圣的土地上，他们的名字和您的名字作为音乐王国桂冠的象征而闪闪发光。为了爱好艺术的公众，请在维也纳演出这杰出的完美之作吧！"

"精诚所至，金石为开"，贝多芬终于改变了计划，准备在维也纳举办这次音乐会，并首次上演自己的两部力作：新作《庄严弥撒曲》选段和《第九交响曲》。

决定一经做出，演出的准备工作立即紧锣密鼓般地开始了。声乐排练的地点就在贝多芬的家里，交响曲的合唱部分由两位男歌手和两位年轻的女歌手担任。

1824年5月6日，维也纳贴出了引人注目的广告，预告《第九交响曲》的演出："路德维希·凡·贝多芬作品大型音乐会将于明天，1824年5月7日在皇家剧院举行。上演乐曲都是贝多芬的新作。独唱演员：松塔格与翁格尔小姐，海青格与塞佩特先生，贝多芬本人将参与全场指挥事宜。票价照常不变。晚上19时开演。"

1824年5月7日，距演出时间还有半个多小时，整个皇家剧院已经座无虚席了。

这天，贝多芬紧紧地握住黑特莱的手诚恳地说："我不知道该怎样感谢你对我的支持。"

当晚的节目单上，写明总指挥由乌姆乐乌夫担任，并说明由贝多芬亲自担任总指导。

18时，当幕布徐徐拉开之时，贝多芬和他的总指挥乌姆乐乌夫一前一后地走向舞台。这时听众席上立刻响起了雷鸣般的掌声。

贝多芬与乌姆乐乌夫两个人都身穿黑色燕尾服，洁白耀眼的衬衣，两个人的手上各拿着一根亮闪闪的指挥棒。他们微笑着向全场深鞠一躬，然后同时转身站到两个并列放置的指挥台上。

这次贝多芬吸取了上次的教训，另外这次也不是歌剧，他要创造音乐史上的奇迹。实际上乐团的指挥乌姆乐乌夫也在指挥，两个人各据一个指挥台同时指挥。演奏员们配合得非常出色。

音乐声响起来了。这是雄壮响亮的序曲《向大厦献礼》。在接下来的演出中，《第九交响曲》《庄严弥撒曲》以其雄浑的气势、优美的旋律，使在场的每一个听众陶醉。

尤其是《第九交响曲》的演奏，使每一个听到的人，都感动得不能自已！《第九交响曲》的第二乐章几乎被掌声完全打断，不得不重新演奏一次。

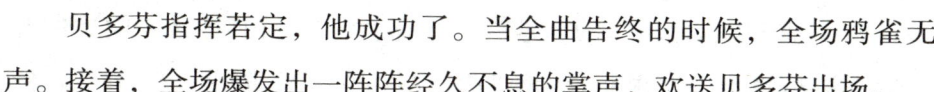

贝多芬指挥若定，他成功了。当全曲告终的时候，全场鸦雀无声。接着，全场爆发出一阵阵经久不息的掌声，欢送贝多芬出场。

听众几乎发狂了，有的高叫，有的流泪，有的狂跳，他们以连续5次的热烈鼓掌向这位伟大的作曲家致敬。按规定皇族成员出场用3次鼓掌礼，而演员与歌唱家出场只用一次。当第5次掌声起时，警察出来干涉制止，怕引起什么骚乱。那是多么动人的一幕啊！

虽然博得了全场热烈的掌声，而可怜的贝多芬却仍旧沮丧地坐在管弦乐席位上，缕缕白发耷拉在额头，凝望着乐谱。疯狂的听众闹得惊天动地，但对贝多芬来说，只能以沉默对待。

这时，一个女高音演员觉察到这一点，就让贝多芬面向着舞台，好让他亲眼看到听众在挥舞着帽子和手帕向他喝彩的盛况。

贝多芬回过头来，面对着听众时，才发现了这热烈的场面，他一时慌了手脚。过了一阵子，他才笨拙地躬身谢幕。

演奏会结束后，黑特莱在便笺上写出下面这一段话："我从生下来直至现在，像今晚那样的狂热和感动的喝彩盛况，我还是首次看到！"

"我也第一次看到。"贝多芬这样回答了一声。

"那交响曲的第二乐章，由于观众掌声的热烈，到中途几乎听不到了。"

"我什么也不知道。不过，我仿佛身在一个月明之夜，仰望着星光闪烁的天空，我感受到了广漠无边的自然美。当我们面对着这自然美之时，便会体味到宇宙的伟大，人的渺小，一些痛苦又算得了什么？"

"当然，我能体味到这一点。"黑特莱点着头颇有同感地说。

历时一个半小时的演奏胜利结束，可是由于贝多芬过度的激动、兴奋，他多病的身体已无法承受，终于晕倒在舞台上。

掌声、光荣都过去了。可他的这场收入呢？

欢乐与陶醉总是短暂的。这样一个盛大的音乐演奏会，门票的收入却只有2000金币，扣除各种费用，只剩下420金币。杯水车薪解决不了他日益贫困的现实，这点收入在当时的维也纳，仅可以支付5个月的房租。贝多芬一听到剧场老板的汇报，顿觉手脚冰凉，心灰意冷，一回到家里，立刻就扑通一声倒在床上。

贝多芬一句话也没说，黑特莱和女佣们一起把他安顿好。

黑特莱在一旁轻声告诉他："吃点东西吧！"贝多芬一动不动地躺在那里睡着了。黑特莱这才离开贝多芬回家去。

第二天一清早，黑特莱来到房间时，贝多芬依然穿着昨晚音乐会的演出服，还没有醒来。或许太累了，贝多芬仍像是在做梦。

在贝多芬熟睡的脸上，似乎显现出一层轻淡的红光。在梦里，他的耳朵听得很清楚，有一种像是从地底下传来洪亮的歌声唱着：

走吧，兄弟！朝向你们的路走吧！像英雄那样愉快地走吧！庄严优雅的歌声，似乎把贝多芬带入了天堂！仿佛世间的悲哀已化为希望，失望化为欢愉！

老朋友久别重逢

秋风吹起，身旁不远处的多瑙河涌动了起来。它承载了太多的失望和痛苦，似乎要漫上岸来，将这个永远的孤独者吞噬进去。好在，他身边有了一位忠实而又细心的学生黑特莱。

一天早晨，贝多芬经过连续几天的紧张工作之后，感到十分疲惫，于是便一个人走了出来。贝多芬就在清新的空气里散着步，惬意而自在，享受着温暖的阳光，倾听小路边树林里鸟儿婉转鸣唱。

这也许是幻觉，他忽然觉得自己的听力正在有所好转，这种感觉还是第一次出现。他高兴地迈着大步，一面哼着一段动人的旋律，一面还不时地同路上遇到的行人们礼貌地打着招呼。

刚刚进家门，仆人就告诉他家里来客人了。

"是两位客人，一男一女，仿佛是夫妻俩。"仆人猜测着说。

"他们从哪里来？是巴黎吧？"贝多芬问。

"不，他们是从波恩来的，说是您的老朋友。"

贝多芬进屋一看，不禁大吃一惊，继而兴奋不已。原来客人是他的好友爱兰诺拉夫妇。

"我们这次去希腊旅游，路过这里。顺便来看看你。"爱兰诺拉微笑着说。

他们坐下后，一起回忆那段美好的时光。看着眼前他曾经深爱过的爱兰诺拉，她现在是如此幸福，贝多芬不禁百感交集。

20多年来，爱兰诺拉一直和贝多芬保持着少女时代那种纯洁、珍贵的友谊，这使他极为感动。

而爱兰诺拉看着眼前的贝多芬，他们无论如何也没有想到，已经是声名显赫的贝多芬，却至今仍然孑然一身，过着孤独的生活。

爱兰诺拉关心地问："贝多芬，你的身体还好吧?"

贝多芬瘦长的手指似乎在微微地颤抖，他沉默了许久许久，对客人痛苦地摇摇头说："耳聋就像一个残忍的幽灵一样，随时缠着我，折磨着我。谢天谢地，现在总算好一点了。"

"亲爱的贝多芬，"爱兰诺拉亲切地对他说，"你应该好好休养一段时间，最好是到阳光充足的海滨去。"

"谢谢你，夫人。"贝多芬说完这句话后，突然兴奋地站起来，在屋子里踱来踱去，大声地向夫妇两人喊道："即使这样，我也要把我心灵深处的东西谱出来，我要让世界上所有的人倾听到我的声音。"

"那么说，你最近一直在忙于创作，又有新作品了吧?"

"那当然了。"贝多芬不无自豪地回答道。说着，他兴冲冲地将一叠厚厚的稿纸递给了爱兰诺拉的丈夫。

"这是我昨天夜里刚刚谱完的一支曲子，如果可以的话，我会把它拿出来公演。当我开始谱这支曲子时，我接连遭到了许多不幸，你看这开头的几个音符，多像厄运在敲我门的声音。是的，当时命运是在捉弄我，可是我不能被它打倒，我要奋斗，扼住命运的咽喉。"

爱兰诺拉夫妇望着这位视音乐如生命的人，深深地意识到，贝多芬不仅是命运悲剧的演员、承受者，同时也是理想的追求者。

尽管眼前的贝多芬十分亢奋，语气中不乏诙谐、幽默。但是细心的爱兰诺拉还是看见了，沧桑的岁月已在贝多芬的额头上和面孔上刻下了深深的痕迹，他的头顶和两鬓也已出现了明显的白发。

青春如小鸟真的再也飞不回来了，这就是人生的无奈!

"时间过得真快呀!对了，爱兰诺拉，拜赖宁夫人还好吗?"

听到贝多芬问到了自己的母亲，爱兰诺拉立刻失去了笑容，低下头去，过了一会儿，她悲哀地说："妈妈已经去世了。"

"什么时候?"

"一年以前,她得了重感冒,没想到一病不起。"

贝多芬听到爱兰诺拉的话惊呆了,随后伏到琴上失声痛哭起来。

爱兰诺拉看到贝多芬十分悲伤,安慰他说:"妈妈生前一直很快乐,在她去世的前一段时间,她还在念叨你。"

贝多芬回想起,当自己失去母亲的那些年月里,拜赖宁夫人就像亲生母亲一样,安慰他、鼓励他,帮他振作起来,去直面惨淡的人生。现在,他再也看不到她那和蔼可亲的笑容,再也听不到她那温柔的话语,这怎能不让贝多芬哀伤、难过呢?

过了一会儿,贝多芬抬起头来,抹去脸上的泪痕,用尽全身的力量弹奏起拜赖宁夫人生前最喜欢的海顿的作品。爱兰诺拉夫妇随着音乐,也陷入了对拜赖宁夫人深切的怀念之中。

爱兰诺拉夫妇的到来,使得贝多芬一向冷清的屋子里热闹了起来。"还记得吗?贝多芬,你13岁时来到我家里的情形?"爱兰诺拉突然问贝多芬。

贝多芬对着爱兰诺拉笑着说:"那天,你把我当成了一个小叫花子,逃到自己的房间里不肯出来。"

"当时,我对你不熟悉。当然要躲了。"爱兰诺拉分辩道。

"你当时的样子,我记得非常清楚,你从房门后探出头来,偷偷地看着我,后来,又伸伸舌头,缩了回去。"

"那时,我可没想到你会成为这么出色的音乐家。"爱兰诺拉有些难为情地说。

"只可惜,时光不能倒流,昔日不能重现。"贝多芬有些伤感地说。

聊了一阵子之后,贝多芬请夫妇俩吃饭。这位身心疲惫的音乐家,在与爱兰诺拉夫妇相处的过程中,又一次感到了家的温馨。

在以后的岁月里,贝多芬一直带着这相聚的快乐跋涉在艰难的人生之路上,这欢乐是他前进的动力。

培养后辈新人

维也纳会议之后,各国君主重新瓜分了欧洲。人民以非常惨重的牺牲换来了民族战争的胜利,而现在又再次陷入了水深火热之中。欧洲的历史又进入了一个较为反动的时期,封建主义开始全面复辟。

在维也纳,秘密警察制度再次得到恢复,任何人都得受到监视。出版、印刷、通信更是关隘重重。整个社会都笼罩着沉闷、窒息的气氛。统治阶级为了掩饰他们的白色恐怖的氛围,鼓励享乐主义和粉饰太平的艺术。

据当时的资料记载:政府大力提倡的是适合时代口味的、能转移人们对政治君主制关心程度的艺术。

一向以追寻民主、自由为理想的贝多芬敏锐地感受到这一切。这黑暗的社会现实,从反面促使他更加坚定了自己的理想。

贝多芬强烈的个性促使他不能表示沉默,他无法按捺住自己的不满,觉得一定要把话说出来。

在参加沙龙聚会之时,贝多芬毫无顾忌地发表自己的见解。他不仅把维也纳当局和奥地利政府骂得狗血喷头,还曾经指着皇帝的画像说:"像这个可恶的家伙,应当把他吊死在树上。"为此,他甚至遭到了维也纳当局的起诉。

在这些日子里,维也纳到处都充斥着靡靡之音。贝多芬的音乐开始遭到了冷遇,这使贝多芬感到又气愤、又痛苦。

"老师,不要多想,这些内容浅薄的音乐的生命力不会长久下去,您的音乐一定会重新绽放光彩。"黑特莱安慰他道。

"谢谢你,黑特莱!什么是真正的音乐,那些贵族们除了会欣赏芭蕾舞之外，什么也不看。除了赛马和舞女之外，什么也不喜欢，优秀的艺术已经不受人欢迎了。"

"老师，希望就在前面不远的地方。对了，早晨散步时，我听说了一件事，有个从匈牙利来的小小少年过两天要在这儿举行一场音乐会。他将演奏您的曲子。这孩子同少年莫扎特一样，是一个了不起的音乐天才。我想，您如果能见见他，对于一个崇拜您的晚辈，是一个很大的鼓励，同时也会使您的心情轻松一些。"

"好吧！那我就去看看这个小家伙，他叫什么名字？"

"他叫弗兰兹·李斯特，已经来到此地。让我去安排一下吧！"他同贝多芬说再见后，就急匆匆地离开了这里。

黑特莱之所以这样积极地做这件事，是想让贝多芬在情绪太过于悲观之时、病魔缠身之际，重新燃起对音乐的希望。李斯特的到来，或许能给贝多芬带来一丝安慰。

第二天，黑特莱领来一个身体瘦弱、相貌俊秀的小孩子。仆人开了门，将他们领到贝多芬的面前。

"老师，这位就是昨天我说的那位小音乐家李斯特。"黑特莱在便笺上写道。

见到李斯特，贝多芬上上下下地打量了一番，不觉眼睛一亮。

"孩子，你今年几岁了？"

"11岁了，先生。"李斯特恭恭敬敬地说，而且一边说着，一边将年岁写在了本上。

"李斯特，给我弹首曲子吧！"尽管贝多芬清楚自己什么也听不见，但还是说出了这个请求。他相信自己的直觉，多年来，他就是靠着这个感觉，创作音乐。

李斯特坐到了那架有着6个八度的豪华的"布劳伍德"钢琴前，开始弹贝多芬的《C大调第一钢琴协奏曲》。

当他弹完一个乐章之后，贝多芬激动地从沙发上站起来，并拥抱了他，不停地吻着他的前额，轻轻地说道："孩子，你弹得不错！你继续努力吧，一定会取得成功的。知道吗？没有比这更好、更幸福的了！"

"谢谢你，先生。我了解您的意思。不过，我想……"李斯特睁着一双天真而又好奇的眼睛望着这位大师，又打量着这位大师那简陋不堪的住所，欲言又止。

"孩子，要问什么你就直接说吧！"贝多芬看出了李斯特有话要说。

在李斯特心目中，贝多芬是一尊音乐之神，是乐圣。可眼前他所看到的一切令他失望。他没想到，宽大的房间里，没有什么家具，全部家具中就数那架与整体不协调的钢琴最打动人。

一位音乐界的巨人，就这样艰难地生活着，命运对他实在不公平。

于是，李斯特吞吞吐吐地说出了自己的失望与疑惑。贝多芬默默地望着这位小客人，脸上露出了慈祥的笑容。

"我的孩子，要想从事高尚而伟大的音乐事业，有时是要付出代价的。一个人，物质享受并不重要，只要内心宁静，清贫也是一种幸福。出于良知的呼唤，出于对人类的爱，我觉得幸福不应该只是索取，而应该是不求回报的奉献。"

李斯特听了大师的一席话，不禁用力地点了点头。过了一会儿，他犹豫了片刻，有些不好意思地低声说道："我能见见您的家人吗，先生？"

贝多芬侧着耳朵，也听不清楚李斯特说的这句话。于是黑特莱在便笺上写出这个请示。

贝多芬哈哈大笑起来。"对不起，孩子，这个世界还不允许我有家人！我真是一个永远的光棍儿啦！"

"没有家人，那您就不觉得孤独吗，先生？"李斯特又问道。

"孤独？"贝多芬不再大笑，低声地说，"也许，我孤独就是我音乐创作的源泉，也许通向艺术事业的真正道路就是孤独。"

无意之中说出来的一句话，对于11岁的李斯特来说，也许过于深奥了。可是，这正是贝多芬心灵深处的高尚之音。

"先生，我的音乐会将在后天举行，希望您能出席。"临别之时，李斯特对贝多芬说，"如果您去了，我非常荣幸。"

"我一定去，孩子，我会为你加油的。"贝多芬一口应允，他的确很高兴，看到如此出色的音乐少年。

4月的维也纳，风和日丽，天气晴朗。李斯特穿行于春光明媚之中，空中柳絮轻舞飞扬。新生的绿草，像天上的星星眨着眼睛。

出乎李斯特意料的是，贝多芬能一口答应他的请求，看来别人对他的议论，例如冷漠如冰、目空一切等，这些并不公平，李斯特真是兴奋不已。

李斯特的音乐会如期而至，贝多芬的风采让人倾倒，音乐会上李斯特弹奏了贝多芬的作品《G小调钢琴奏鸣曲》。这首乐曲非常深刻地由一个独特的主题展示出激动人心的反抗和斗争的风暴。小李斯特十分出色地演绎了这一作品的内涵。

不用多想，演奏音乐会获得了成功。正如贝多芬预料的那样，李斯特后来成为欧洲的"钢琴之王"。

孤独寂寞的晚年

1925 年 10 月,贝多芬搬进了他生前的最后一处寓所,西班牙修道士在市郊建造的一处公寓。这套住宅成为他灵感的来源之地,他在这里先后创作了《F 大调弦乐四重奏》和《降 B 大调弦乐四重奏》。并应伦敦交响乐团的邀请,筹划创作《第十交响曲》。

"卡尔,你到底想从事哪种职业?你得有自己的理想吧!"贝多芬很难过地对卡尔说。

对卡尔爱护备至的贝多芬还是一心想把他培养成为一个音乐家。所以,贝多芬把他送到钢琴教育家那里去。可是,卡尔跟他父亲一样,不到半路就中途放弃了。

小卡尔跟了贝多芬之后,他的生活更加拮据了。灯下他开始计划开支:收入 3400 金币,支付房租 1100 金币、佣人 900 金币、小卡尔的学校费用 1100 金币,算到这里,不敢再算下去了,今后的生活怎么办?

贝多芬身体总是不好,时常觉得有死的可能。他告诉自己:可不能死,如果死了小卡尔可要受苦了,每当有些收入便存入银行,不管多大的难处也不敢动用,那是给小卡尔积存的学费,他要他读大学,可是卡尔却根本不按贝多芬的安排走。

"我实在不擅长音乐,让我停下来吧!"卡尔恳求道。

"既然这样,那也没有办法了,就送你去大学念书好了。"

卡尔的脸上,还露出了不大乐意的表情。他心里不愿意去,但除此之外,又没有什么别的出路。

可是,贝多芬刚刚平静下来不久,就接到了校方的通知。

"学生卡尔·贝多芬,很少去学校上课,这是无心向学的表现。经教授委员会的决议,予以自动退学处理。"

贝多芬看完通知,大吃一惊,立即就把卡尔叫了来问:"你为什么要逃学?"

卡尔诚实地回答道:"说实在的,伯父,我根本就听不懂大学里的课,要我去听课,真是件苦差事。"

"你不去上课,到哪里去?"卡尔尽管没有回答。可是,从他的眼里,贝多芬也能察觉出其中的隐情。

贝多芬明白,他一定又到他母亲那里去了!

此时,贝多芬心里非常愤怒,但还是强忍着怒火,把卡尔拉到身边语重心长地对卡尔说:"为了你,我早已下了决心,无论什么责任我都要负的。你有任何意见,尽管对伯父说明白。我们两个来好好商量,不是很好吗?"

贝多芬这样一说,卡尔不住地点头。

"关于上学的问题,我是这样想的,如果你实在不愿意读大学,去工业学校也好,这样可以学到些真本领。"

卡尔听到这里,脸上就现出了微笑。就这样,贝多芬把他送进了工业学校。叔侄两人身隔两地,贝多芬不断回到维也纳来看卡尔。不在维也纳时,他常给卡尔写信,他总共写了28封信。

他写信的时候,总是用"我忠实的孩子"来称呼他这个侄子。同时,每次写信,贝多芬总用以下的几句话来结束:"回来吧!马上回到你那真诚待你如父亲般的伯父身边来吧!"

然而,卡尔总是不以为然。他总认为待在伯父身边束缚太多。卡尔总是喜欢与那些太保、流氓们混在一起,吃吃喝喝,赌赌玩玩。卡尔终于玩出火来了。

一天,贝多芬正埋头于创作。

"老师,老师!"突然黑特莱大声呼唤打断了他的构思。

"老师，不好了，卡尔他自杀了！"黑特莱气喘吁吁地跑进屋来说。

"什么！"贝多芬望着黑特莱惊慌失措的面孔，一种不祥的预感，不禁涌上心头。黑特莱飞快地拿出谈话本，将这个消息写在了谈话本上。

"不过，他没有死，只是头部受了伤。"黑特莱定了定神，又写道。

此时的贝多芬像热锅上的蚂蚁，急忙赶到现场。到了那边一看，果真是卡尔。贝多芬飞奔到卡尔身边，把卡尔抱上车子，送进了维也纳市立医院。

贝多芬一方面担心卡尔的伤势，同时也害怕这个不光彩的事件向外界传开。如果全维也纳的人都知道，乐坛大师贝多芬的侄子自杀，这实在是一件让人无法忍受的事情。名誉是贝多芬的脸呀！

可是，好事不出门，坏事传千里，这一轰动社会的事件，不出两天，已传遍了维也纳的大街小巷。

到底是什么事情，会令卡尔动了自杀的念头呢？

原来，卡尔正面临着一次至关重要的考试，因为整天吃喝玩乐，他知道，自己很难过这个关，再加上债务缠身，担心伯父训斥，又不敢向伯父开口要钱，便动了轻生的念头。他变卖掉自己的一部分东西，为自己买了一把小手枪和一发子弹，然后来到树林中，扣了扳机。

经过一阵紧张的抢救，卡尔终于脱离了危险。当他睁开双眼看到伯父时，惊异地发现，一夜之间，他仿佛一下子衰老了，精神也差劲多了。

见到卡尔醒来，贝多芬紧紧地抓住他的手，声音颤抖地说道："卡尔，我的孩子，这是何苦呢？好啦，从现在起，你再也不用害怕了，一切有我呢！"

望着虚弱的卡尔，贝多芬仿佛看到了自己的弟弟躺在床上，弟弟去世前的那一幕又浮上了贝多芬的心头。一时间，悲伤、思念、惭愧一起涌上心头，贝多芬想：如果弟弟在天上看到了这一切，他会多么失望啊，我真对不起他。

几天以后，卡尔彻底脱离了危险，贝多芬终于松了口气。又过了一些日子，在贝多芬的精心照料下，小卡尔的伤基本上好了。

卡尔的问题解决了，然而贝多芬却因这件事而遭受了致命的打击。这一声枪响，打碎了贝多芬对侄儿的一片希望，他一下子老了二三十岁，生命接近尾声了。从这以后，他的一切行动一直显得笨拙而吃力，性格也变得消沉和弱不禁风了。

闹出了这件不幸的事情之后，贝多芬突然想清静清静。同时，也为了使卡尔头部的创伤彻底痊愈，更多地感受家庭的生活气息和温暖，贝多芬带着卡尔去了约翰的庄园格奈克森多夫。

他和卡尔两个坐上一部马车，离开了维也纳。

"卡尔，我希望你今天不要再胡闹了，从今以后，你能不能够痛下决心，改过自新，做一个好孩子呢？

"而且，不论在什么时候，你都要成为一个我所疼爱的好孩子！我尽管不是你的亲生父亲，可是，我一直都把你当作自己的亲骨肉来看待，我从小把你抚育长大，希望你成为一个好人。"

贝多芬那衰弱的身体靠在背后的椅垫上，苦口婆心地规劝卡尔。可是卡尔根本无法理解他的伯父为了他，承受了多少重负。

格奈克森多夫是个风景十分美丽的村子。它距维也纳约有100英里。这座庄园后面有微微倾斜的小山坡，从前面可以眺望到多瑙河，这一切使得贝多芬感受到故乡波恩的气息。

在这里，所呼吸到的是远离城市的清新空气，所看到的是层峦起伏的山峰。自然的景物，足以使贝多芬怡情养性。

在美丽的乡村格奈克森多夫，贝多芬度过了最后的快乐时光。值得欣慰的是，在经历了那次自杀事件后，卡尔变得规矩多了，而卡尔的母亲也不再来扰乱他们的生活。

卡尔和贝多芬住在约翰家，除了帮叔叔约翰干一些力所能及的事情之外，其余一些时间大都陪伴在伯父身边。这使得贝多芬的心里感到从未有过的宁静，也使得他能抓紧一切时间来埋头于自己的创作。

"我希望再写几部大型作品。"他对黑特莱说，"我觉得这一阵儿灵感来得特别快，要抓住这个绝好的时机。"

可是，命运却总是跟贝多芬作对。他住在约翰这里开始时一切还都非常顺心，可不久就逐渐走向了反面。他的弟弟和弟媳，对他都比较刻薄。

坦率地说，贝多芬是一个讨人嫌的客人，而他弟弟约翰又没有耐心，不能理解哥哥那变化无常的心情和一个过于敏感的艺术家情感的爆发。很快，这位性格怪异的音乐大师就干涉起了约翰的家庭事务来，他有时抱怨饭菜不合胃口，有时又埋怨床铺让他难以入眠，而约翰则以财大气粗、像对待穷光蛋一样对待这位难伺候的兄长。

兄弟俩无谓的争吵日渐频繁，这使得贝多芬的情绪不断变化。情绪的不稳定，导致了他的旧病复发，肠炎、腹泻、腹部肿胀一齐找上门来。

在1826年12月的一个潮湿而寒冷的早晨，贝多芬与卡尔坐上了狠心的约翰为他们雇的破车，急匆匆地踏上了归途。刺骨的严寒向着贝多芬袭来，使他咳嗽不止，疼痛难忍。病痛毫不吝惜地折磨着这个无依无靠的人。

天气越来越冷，简直把人冻得难以忍受，贝多芬躺在床上想好好睡上一觉，但一直睡不着。他的两只脚肿了起来，而且肿得非常厉害。贝多芬撑起半个身子来，抚摸着那肿起来的脚，心头不由得又浮起一种无法形容的愁绪。

从那天起，贝多芬就一直辗转在病榻上呻吟。当1827年来临的时候，贝多芬已经在病榻上躺了将近一个月了。

为了不使贝多芬寂寞和悲伤，朋友们尽量在他身边，给他安慰。可这些慰藉并没有使他的病情发生什么好转。现在，除了全身浮肿以外又患上了黄疸病。他的腹部开始大量积水，肠绞痛和可怕的腹泻又使得他瘦弱不堪，贝多芬被疾病折磨得在那里发抖。

为了缓解贝多芬的痛苦，医生先后为他进行了3次穿刺。第三次穿刺之后，贝多芬的病情忽然明显好转了。就在此时，卡尔离开他的伯父，去远方参了军，这无疑又给了贝多芬以沉重的打击。

病情又加重了，贝多芬动过一次手术，去掉肚子里的积水，结果，并没有获得多大的疗效，接连又动了第二次、第三次手术，身体仍然一天天地坏下去。

1827年2月27日，贝多芬动了第四次手术。这时，他已经完全意识到自己的病已毫无希望。黑特莱试图用春天即将来临的消息安慰他，但没有用。

疾病折磨着贝多芬，他感到活在世上的日子不多了。望着窗外寒风摇动着枯树的枝干，昏黄的夕阳显得十分无力，他自言自语地说："难受痛苦的冬天啊！这可能是我最后的一个冬天了。"

当他稍好的时候，又燃起了生的希望。他同来看望他的朋友们谈文学，谈莎士比亚。他还在病床上看书、写信。坚强的贝多芬，又顽强地与病魔斗争将近一个月，没有哀怨，没有绝望。可是，贝多芬还是一天天地接近了死亡的边缘。

"还是留下遗嘱的好。"黑特莱来探望贝多芬时，把纸上的这句话给贝多芬看。贝多芬点了点头表示同意。

于是，黑特莱就给他起稿。

> 我的侄儿卡尔，是唯一的继承人。所以，我的全部遗产，完全归卡尔继承。

特立此遗嘱为凭。

贝多芬伸出颤抖的手，很费力地在遗嘱上签了字。他放下笔，瘦削的脸上满是汗水。

黑特莱扶他躺下，收好了遗书。他看到贝多芬的嘴在动，似乎在说什么，仔细听才听出："请为我喝彩，喜剧已经结束了。"

这是罗马皇帝奥古斯都临死时说过的一句话。这究竟反映了贝多芬一种什么心情，令人费解。

临终的日子终于来到了。1827年3月26日，这一天维也纳阴云密布，天地无光，整个城市笼罩着一种悲惨的气氛。到了下午15时至16时之间，一场暴雨挟着狂风从天而降。一道闪电把贝多芬昏暗的屋子照得一片光明，接着是一串碎人心胆的雷声。

处于昏睡状态的贝多芬，突然睁大了眼睛，紧握着右手高高举起，凝视着窗外风雨交加的世界，是抗议？是呐喊？是欢呼？不久，手垂了下来，闭上了眼睛。一切归于静寂。

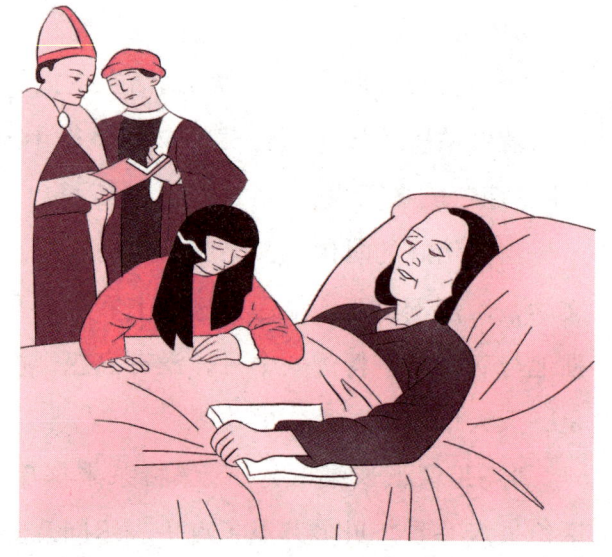

他在这暴风雨中逝去了。伟大的灵魂带着他的骄傲，带着他的遗憾，还有胎死腹中的《第十交响曲》走了。此时，时针指向17时45分，贝多芬享年57岁。在一生中遭遇了各种各样的不幸，却始终凭着坚强意志不断奋斗，这位只能被打败而不能被打垮的"英雄"，就此与世长辞了。

附 录

在患难中支持我的是道德，使我不曾自杀的，除了艺术以外也是道德。

—— 贝多芬

经典故事

艰苦训练

贝多芬的父亲常把他拽到键盘那里,让他在那里艰苦地练许多小时,每当弹错的时候都打他的耳光。邻居们常常听见这个小孩子由于疲倦和疼痛而抽泣着睡去的声音。

不久,一个没什么水平的旅行音乐家法匹爱弗尔来到这个市镇,被带到贝多芬家里。他和老贝多芬在外面一个酒馆里喝酒到半夜,然后回家把小贝多芬拉起来开始上课,这一课有时要上到天亮才算完。

为了使他看上去像一个神童,他的父亲谎报了他的年龄,所以当他8岁时,把他带出去当作6岁的孩子开音乐会。但是神童都是天生的而不是造成的。尽管费了很多事,老贝多芬始终没有能够把他的儿子造成另一个年轻的莫扎特。

贝多芬与莫扎特相比,他的童年就不幸多了。首先,莫扎特受的教育较好,他的练功时间是愉快而安静的,有着一个慈爱的父亲和一个被钟爱的姐姐,而贝多芬则不然,虽然他的演奏赢得了家乡人的尊敬,但世界性的旅行演出还不够令人兴奋。

让剽窃者无门

贝多芬在18岁时和波恩的拜赖宁一家交上了朋友,这家的女儿爱兰诺拉·白莉奇蒂和儿子劳伦滋跟贝多芬学习钢琴。1792年11月,贝多芬离开波恩去维也纳。1793年,他把在维也纳出版的第一部作品题献给了爱兰诺拉。

这部作品就是以莫扎特的歌剧《费加罗的婚礼》第一幕中费加罗的咏叹调为主题的小提琴和钢琴变奏曲。

1793年11月2日,贝多芬写给爱兰诺拉的信里,在谈到尾声中钢琴部分技术艰难的颤音时说:

"维也纳有些人在晚上听了我的即兴演奏后,第二天就会把我的风格上有某些特色的东西记录下来,算作他们自己的东西而沾沾自喜。要是我没有看穿他们的这种行径,我是不会写这类曲子的。我知道他们的曲谱很快就要出版,所以我决定先发制人。但我还有另一个理由:我想难倒那些维也纳钢琴家,其中有几个是我的死敌。我要用这个来回敬他们,因为我料到,我的变奏曲将会到处和那些所谓的先生们狭路相逢,使他们显出一副狼狈相。"

不久以后,贝多芬在大庭广众之下演奏了这个曲子,显示了他那高超的钢琴技巧。

我行我素

贝多芬不愿意做一个客厅里的宠儿,他宁愿在自己的住所,能够随自己高兴进进出出、起床、穿衣和吃东西。他喜欢按照自己的兴趣为了他房间里的琐事瞎忙,有一次为了空气畅通和看清窗外的景物,特意把三扇窗户拿掉一扇。

他总是同房东们发生纠葛,总是不断搬家。每当他处于作曲的热潮时,他总是把一盆一盆的水泼到自己头上来使它冷却,直至水浸透到楼下的房间。可以想象房东和其他房客的情绪会怎样!有时他搬家搬得这样频繁,以致他甚至不愿操心把钢琴的腿支上,而是坐在地板上弹它。

蔑视权贵

德国大文豪歌德与贝多芬于1812年在波西米亚相会，共同度过了一个月的时光。彼此都留下了深刻的印象，但并未建立起友谊。贝多芬非常佩服歌德的天才，但对歌德的某些做法却不能容忍。

一天，他们一同出去散步。在路上远远看到了奥地利皇后率领着一群皇室成员向他们走来，歌德见了，不顾贝多芬的一再劝阻，立刻恭恭敬敬地站到了路边。

贝多芬对歌德说："您大可不必这样做。贵族们的派头是愚蠢的，只能显示出他们的庸碌无能。……他们可以把勋章别在任何一个人的胸前，但这人决不会因此变得更优秀些。他们也许能使一个人成为七品或三品文官，但在任何时候也造就不出歌德或贝多芬来……"

然而，歌德不仅仍拘谨地立在路边，而且面部开始显现出谦卑的微笑。

贝多芬意识到，无论他再说什么都是徒劳的。于是，他抬头挺胸继续向前走去。结果奥地利的皇后和皇太子认出贝多芬后，反倒率先向贝多芬打招呼、脱帽致敬。

当他们经过歌德身边时，歌德却早已脱帽鞠躬，连头都不敢抬一下。

事后，贝多芬痛心地对歌德说："……您对于他们过分尊敬了。"即便如此，贝多芬对歌德仍是十分崇敬的。人们在他晚年全聋时用的谈话册中发现，他不许别人用轻蔑的口吻谈论歌德，并曾对人表示：为了歌德，他情愿"牺牲十次性命"。

然而，歌德对贝多芬却终生不能原谅，他对他态度冷淡，甚至在贝多芬困难时请求帮助也置之不理，这种态度使后人对其颇有微词。

贝多芬和海顿

贝多芬明白，他在家乡是不可能有更大发展的，于是决定到维也纳去寻求他的前途。

此时，莫扎特已经去世了，但是海顿刚刚获得他第一次在伦敦的胜利，正处于盛名的高峰。在经过波恩的时候，海顿已经听过并且大加赞赏贝多芬的乐曲，因此贝多芬决定首先转向海顿学习。

海顿这时早已过了他的青年时代，正在创作和指挥自己最伟大的作品。所以，他比过去任何时候都更加勤奋。

这就使他没有多余的时间和精力去教导学生。而且他要求学生们每一堂课只交两毛钱，他大概觉得自己也没有必要花太多时间在学生的练习稿纸上。于是贝多芬常常发现他的练习中有些未改正的错误，他很生气。

那年，当海顿出发到伦敦进行第二次访问演出时，贝多芬转向一位天才较低但很严格的教师学习。后来他常常大声宣告他从海顿那里什么也没学到。

不过，不久后，他逐渐觉得，虽然他没有从改正练习方面学到什么东西，但他却从海顿那里获得了灵感，因为他把他最初的几首钢琴奏鸣曲献给了海顿。

后来，当海顿为他的《创世纪》的演出最后一次在台上露面，被他的几个仆人扶出去的时候，贝多芬弯下腰来亲切地吻了这位衰弱的老人。

严谨的创作态度

作曲对于贝多芬而言，是一项十分艰苦的工作。他写作歌剧《费德利欧》时，为其中的一首合唱曲先后拟定过10种开头。人们熟悉的《命运交响曲》第一乐章的主题，也曾在他的草稿中找到过十几种不同的构想。

贝多芬有一份后来公之于众的手稿，在这张稿纸上，有一处改了又改，竟贴上了十几层小纸片，也就是说曾经进行过10多次的修改。但人们发现，最里面的那个音符（即最初的构想），竟然与最外面的那个音符（最后改写的）完全一样。

贝多芬常常揣着笔记本，在散步时也从不忘记将突发的灵感记录下来，这一点极像我国的唐朝诗人李贺。由此来看，古今中外的杰出艺术家们那种勤奋忘我的创作精神是一样的，他们的不懈努力，成就了数不清的艺术精品，也为世界艺术宝库增添了绚丽的色彩。

交响曲的创作

贝多芬的音乐天才在交响曲的创作形式中得到了最大的体现。

贝多芬继承了海顿和莫扎特的奏鸣曲式，并把它改造成庞大的结构以适应于自己的思想。他把第一乐章的规模扩大了，并使尾声显得特别突出。他同海顿和莫扎特一样，把展开部看作是奏鸣曲的动力中心。他的短小而深刻的主题为扩展和发展提供了无限的机会，它们以猛烈的力量和气势展开。

慢乐章在贝多芬手中具有赞美诗的特点，体现了贝多芬式的悲怆。他把小步舞曲乐章变为谐谑曲乐章，成为具有节奏动力的乐章，而情绪则从"纵情大笑"到神秘和惊奇。他把终曲扩大，成为在规模和意境方面与第一乐章相仿的一个乐章，使交响曲在凯旋中结束。

贝多芬认为交响乐是向人类致辞的理想手段，他的9部交响曲是有普遍感染力的精神戏剧。它们以席卷一切和激动的气势褒扬了生活。

在《第三交响曲（英雄）》中，贝多芬的风格成熟了。这个作品最初是准备献给拿破仑的，他认为拿破仑是革命精神和人类自由的体现。但当拿破仑称帝的消息传来时，贝多芬对他不抱幻想了。被激怒的作曲家从刚刚完成的作品上撕下题有献词的一页，改写为"英雄交响曲，为纪念一个伟大的人物而作"。

人们普遍认为《第五交响曲》是交响乐的原型，它具有一部交响曲所具有的一切。《第七交响曲》在多方面的感染力可与之匹敌。《第九合唱交响曲》奏出了贝多芬最后期的深刻音调，它的终曲中，由人声唱出了席勒那著名的《欢乐颂》，那是响彻云霄的时代预言。

命运交响曲

贝多芬的《命运交响曲》作于1805年至1808年，这首曲子的开始的4个音符，刚劲沉重，仿佛命运敲门的声音。

1808年11月，贝多芬在写给他的朋友的信中，就已经说出："我要扼住命运的咽喉，它决不能把我完全压倒！"

"命运敲门的声音"在1798年所作《C小调钢琴奏鸣曲》第三乐章中就已经出现过，以后又出现于《D大调弦乐四重奏》第三乐章、《热情奏鸣曲》第一乐章、第三《列奥诺拉》序曲、《降E大调弦乐四重奏》等一系列作品中。

可见，通过斗争战胜命运，是贝多芬一贯的创作思想。《命运交响曲》所表现的如火如荼的斗争热情，具有强大的感染力。

西班牙女低音歌唱家马丽勃兰第一次听《命运交响曲》时，吓得心惊肉跳，不得不退席而去。

拿破仑一个旧日的卫兵，听了第四乐章开头的主题，禁不住跳起来喊道："这就是皇上！"

柏辽兹把《命运交响曲》中惊心动魄的斗争场景，看作是"奥赛罗听信埃古的谗言，误认黛丝德蒙娜与人私通时的可怕的暴怒。"

舒曼认为："尽管你时常听到这部交响曲，但它对你总是有一股不变的威力——正像自然界的现象虽然时时发生，却总叫人感到惊恐一样。"

1830年五六月间，门德尔松在魏玛逗留了两星期，和歌德作最后一次会晤，在钢琴上为他演奏了古今著名的作品。

歌德听了《命运交响曲》的第一乐章后大为激动，他说："这是壮丽宏伟、惊心动魄的，简直要把房子震坍了。如果许多人一起演奏，还不知道会怎么样呢。"

1841年3月，恩格斯听了《命运交响曲》的演出。他在写给妹妹的信中赞美这部作品说："如果你不知道这奇妙的东西，那么你一生就算什么也没有听见。"

他说，他在第一乐章里听到了"那种完全的绝望的悲哀，那种忧伤的痛苦"；在第二乐章里听到了"那种爱情的温柔的忧思"；而第三、第四乐章里"用小号表达出来的强劲有力、年轻的、自由的欢乐"，又是那么鼓舞人心。

恩格斯用短短的几句话，揭示了《命运交响曲》的精髓。

年　谱

1770年12月26日，生于德国波恩。

1774年，父亲开始教他弹钢琴，并希望他能像莫扎特一样，成为一个驰名欧洲的音乐神童，到处演出，给家里挣钱。

1777年，入学读书。

1778年，跟随伊登学管风琴。3月26日第一次在科隆登台演出。为让儿子成为神童，父亲故意隐瞒了他的年龄。

1779年，拜父亲的朋友匹爱费尔为师，学习大键琴。

1781年，随母亲去荷兰海港城市鹿特丹旅行。离开学校，学习乐理、风琴、提琴。

1782年，在涅伏的门下正式学习音乐。涅伏是贝多芬的正式启蒙老师，对贝多芬的影响持续一生。同时跟几个老师学艺，并开始作曲，还出任贵族教堂风琴师。

1783年，担任宫廷乐队大键琴师和歌剧院的伴奏。创作第一首乐曲。11月在荷兰海牙举行音乐会。

1784年，新登基的选帝侯法朗兹委任贝多芬为第二任宫廷乐师，并支付薪金。

1785年，拜李斯为小提琴老师。创作3首钢琴四重奏。

1787年4月，在维也纳逗留，曾拜访过莫扎特。母亲去世，奔丧回波恩。

1788年，任宫廷乐队的中提琴手。结识华尔特斯坦伯爵和拜赖宁夫人一家。

1789年，完成了F小调前奏曲、两首前奏曲和两首钢琴三重奏创作。

1790年，海顿去伦敦，中途停留波恩。贝多芬创作了《骑士芭蕾》献给华尔特斯坦。

1791年3月6日，《骑士芭蕾》上演。创作出第一首管弦乐，题赠华尔特斯坦伯爵。

1792年，海顿再度途经波恩，贝多芬前往拜访聆教。10月，去维也纳跟海顿学习作曲。波恩时期结束。

1793年，贝多芬决定定居维也纳。海顿去伦敦，贝多芬转随希拿克学习。

1795年春，结束学业。在维也纳第一次公开演奏自己的作品，《B大调钢琴协奏曲》，3首钢琴三重奏出版。

1796年2月赴布拉格、德累斯顿、莱比锡和柏林。觐见普鲁士国王费迪南。

1797年，其作品开始在维也纳受到重视。开始招收学生。

1798年，听觉渐弱，其一生的大苦闷、大烦忧和大压抑即始于此。

1800年，在一场比赛中击败史泰伯。李希诺夫斯基亲王赠奥币600作其生活费。演出《第一交响曲》和《七重奏》。

1801年，在荷夫堡上演芭蕾舞《普罗米修斯的创造》。与黛莉雅相恋。创作获得丰收。

1802年，收车尔尼与里斯为学生。是年10月写下《海林根遗书》。创作出第三十、第三十一、第三十三、第三十四、第三十五、第四十、第五十和第三十六号等作品。

1803年演出神话剧《橄榄山上的基督》等名曲。会晤韦卜尔、佛克勒。

1804年改原来献给拿破仑的《第三交响曲》为《英雄交响曲》。

1805年4月7日，首次公演《英雄交响曲》。创作出第三十二、第五十三、第五十四、第五十七、第五十六和第七十二号等作品。歌剧《弗德利欧》首次公演。

1806年12月23日,克雷孟特演奏贝多芬的《D大调小提琴协奏曲》。创作出《第四钢琴协奏曲》《三首弦乐四重奏》和《第四交响曲》等作品。

1807年,公演《第四交响曲》和《柯里奥兰序曲》。

1808年,完成第四、第五交响曲。

1809年,金斯基王子、罗布科维茨和鲁道夫公爵成为贝多芬的赞助者。法军占领维也纳。

1810年,耳聋更严重,与许多亲友疏远,陷入孤立之中。

1811年,与歌德会晤。结识节拍机的发明人谬才尔。创作《第七交响曲》《第八交响曲》,以及作品第九十六、第九十七、第一百一十三、第一百一十七号等。

1812年,再次会晤歌德。

1813年12月8日,完成《威灵顿的胜利》。进入生活危机和创作危机时期。《第七交响乐》在维也纳上演。

1814年,歌剧《弗德利欧》修改后再次上演。创作出作品第八十九、第九十、第九十四、第一百一十五、第一百一十八、第一百一十六、第九十一、第一百三十六号等。

1815年,弟弟去世。领养侄儿卡尔。此举给贝多芬日后带来许多烦恼。

1816年,因耳聋停止公开演奏钢琴。为要求对侄儿的监护权,开始诉讼。创作出第九十八、第一百零一、第一百零二、第一百一十二、第一百零八号作品等。

1817年,创作《五重奏赋格》。

1818年,创作《B大调钢琴奏鸣曲》。

1819年,完全丧失了听力,开始用谈话簿与他人笔谈。黑特莱成为贝多芬的秘书。开始写《庄严弥撒》。

1820年，诉讼结果对贝多芬有利，并最后获胜。

1821年，患上黄疸病。创作第一百一十号钢琴奏鸣曲。

1822年10月，创作第一百零九、第一百一十一、第一百一十九、第一百二十一（a）、第一百二十四、第一百二十号作品。

1823年，《庄严弥撒》完成。维也纳的圆舞曲开始崛起。李斯特在维也纳举行音乐会。

1824年，《第九交响曲》完成。创作《弦乐四重奏》。

1825年，创作最后几首弦乐四重奏。4月在德国的法兰克福首次公演《第九交响曲》。

1826年，计划写作《第十交响曲》，病重。

1827年3月26日，在维也纳去世。享年57岁。

名　言

- 不要懒懒散散地虚度生命。

- 智慧、勤劳和天才，高于显贵和富有。

- 苦难是人生的老师。通过苦难，走向欢乐。

- 真正的友谊，只能基于相近性情的结合。

- 即使为了国王的宝座，也永远不要欺骗、违背真理。

- 对于富有才华和热爱劳动的人来说，不存在任何障碍。

- 友谊的基础在于两个人的心肠和灵魂有着最大的相似。

- 卓越的人的一大优点是：在不利和艰难的遭遇里百折不挠。

- 我愿证明，凡是行为善良与高尚的人，定能因之而担当患难。

- 成名的艺术家反为盛名所拘束，所以他们最早的作品往往是最好的。

- 划分天才和勤勉之别的界限迄今尚未能确定，以后也没法确定。

● 即使是最神圣的友谊里也可能潜藏着秘密，但是你不可以因为你不能猜测出朋友的秘密而误解了他。

● 涓滴之水可磨损大石，不是由于它力量强大，而是由于昼夜不舍地滴坠。只有勤奋不懈地努力，才能够获得那些技巧。

● 年轻人把受教育求进步的责任和对恩人及支持者所负的义务联结起来，是最适宜不过的事，我对我的双亲做到了这一点。

● 那些立身扬名出类拔萃的，他们凭借的力量是德行，而这也正是我的力量。

● 对你们的孩子要教之以德性，只有德性，而不是金钱，才能使人幸福，这是我的经验之谈。

● 我的箴言始终是：无日不动笔；如果我有时让艺术之神瞌睡，也只为要使它醒后更兴奋。

● 我的艺术应当只为贫苦的人造福。啊，多么幸福的时刻啊！当我能接近这地步时，我该多么幸福啊！

● 痛苦能够毁灭人，受苦的人也能把痛苦毁灭。创造就需苦难，苦难是上帝的礼物。卓越的人一大优点是在不利与艰难的遭遇里百折不挠。

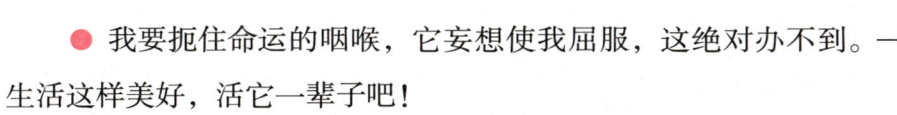

- 我要扼住命运的咽喉,它妄想使我屈服,这绝对办不到。——生活这样美好,活它一辈子吧!

- 我为什么要作曲?——在我内心的东西必须将它释放出来,这就是我作曲的原因。

- 脱离钢琴作曲是需要的……渐渐地就有了准确表达我们愿望和感受的能力,这对崇高的人类来说是至关重要的。

- 我的想法正如伏尔泰所说"苍蝇的几口叮咬并不能阻止骏马的前进。"这些蠢人,就让他们去诽谤吧,他们的风言风语决不能赋予任何人不朽,更不能抹去那些命定辉煌的人们的不朽。

图书在版编目(CIP)数据

贝多芬/向平才编著. —北京:中国社会出版社,2013.3
(2022.6 重印)
(世界名人非常之路)
ISBN 978-7-5087-4344-8

Ⅰ.①贝… Ⅱ.①向… Ⅲ.①贝多芬,L.V.(1770~1827)-生平事迹 Ⅳ.①K835.165.76

中国版本图书馆 CIP 数据核字(2013)第 036348 号

出 版 人:浦善新	策划编辑:侯 钰
责任编辑:侯 钰	封面设计:张 莉

出版发行:中国社会出版社	地　　　址:北京市西城区二龙路甲33号
邮政编码:100032	编 辑 部:(010)58124867
网　　　址:shcbs.mca.gov.cn	发 行 部:(010)58124866
经　　　销:各地新华书店	

印刷装订:北京华创印务有限公司	开　　　本:170mm×240mm 1/16
印　　　张:13	字　　　数:200千字
版　　　次:2013年3月第1版	印　　　次:2022年6月第4次印刷
定　　　价:49.80元	

中国社会出版社微信公众号

中国社会出版社天猫旗舰店